현재만 사는 한국인을 위한 12가지

들어가면서

　죽음까지 이르는 삶의 길은 누구에게나 똑같이 주어진다. 똑같은 길을 걷지만, 그 길을 걷는 우리는 나이에 상관없이 내일 당장 죽을 수도 있다는 사실을 간과한다.

　환경오염이 심해지고, 쉽게 치료가 되지 않는 바이러스가 발생하는 현대 사회에서 죽음은 그리 멀리 있는 것이 아니다. 의료 시스템이 잘 되어 있고, 깨끗한 환경 속에 살고 있어도 누구나 갑자기 죽음의 강을 건널 수 있는 시대다.

　삶은 준비하는 사람의 것이다. 죽음 역시 어떻게 준비하느냐에 달렸다. 죽음을 준비하는 것은 내게 주어진 삶을 건강하고 충실하게 보내는 방법이자 '나의 죽음'이 가지고 올 가족들의 슬품을 덜어주는 것이다.

죽음을 준비하는 것은 충실한 삶을 살기 위해 나이에 상관없이 누구에게나 필요하지만, 실천하지 못하는 경우가 많다. 특히 아직은 괜찮다는 생각에 손을 놓고 있다가 놓치는 경우도 있다.

평균 수명이 늘어난 시간만큼 누구나 장수할 것이라는 기대로 생기는 안일함이다. 수명이 늘어나고 그에 맞춰 살아가는 방식도 많이 달라졌다. 자식이 부모를 모시는 것이 당연하던 때는 옛 이야기다. 바쁘게 살아가는 사회 속에서 나이가 많아지고 건강이 나빠지면 시설에 들어가는 것이 당연해졌다.

이런 분위기 속에서 많은 사람들이 노인 시설에 관심을 가지고 그와 관련된 정보는 어디에서나 쏟아진다. 하지만 정작 나이가 들어감에 따라 준비해야 하는 것들에 대한 이야기는 너무도 한정적이다. 고작해야 건강을 챙기고 활동적으로 살아야 한다는 정도의 정보가 전부다.

이 책은 나이가 들어감에 따라 준비해야 하는 것에 대한 이야기다. 요양원에서 요양보호사와 사회복지사로 있으면서 보고

들은 이야기들이 바탕이 되었다. 비슷한 사연을 가졌지만 어떤 판단과 행동으로 결과가 달라지는지 극명히 보이는 삶의 모습은 우리에게 많은 걸 알려 준다.

우리는 죽음보다 삶을 생각하며 살아간다. 그 속에서 얼마나 열심히 삶을 이어가느냐에 따라 종착지에 도착했을 때의 모습은 달라진다. 이 책을 통해 알 수 없는 미래에 있을 나 자신을 그리며 건강한 삶을 위해 필요한 것이 무엇인지 생각해 보는 기회가 되길 바란다.

추천사

내 삶을 돌아보고 나아갈 길에 필요한 지혜를 주는 책

조성철 박사
(경남종합사회복지관 이사장 · 한국사회복지공제회 명예이사장)

개인과 개인이 만나 가정을 이루고 부모와 자식의 관계로 새로운 생명이 탄생한다. 이렇게 만들어지는 '가족'은 우리 사회를 이루는 기본 단위이고 한 사회의 모습을 비추는 거울이다. 과학의 발전으로 산업혁명이 일어나고 사람들의 일상생활이 과거와 완전히 달라는 현대 사회에서 가족은 위기를 맞고 있다. 이로 인해 불안정한 가족 형태가 나타나고 심리적 불안이 가중된다.

사회의 변화에 따라 다양하게 나타나는 가족의 형태를 불안정한 가족의 형태라 지칭하는 것이 아니다. '가족'이 가지는 가장 기본적인 역할인 개인의 욕구와 문제를 스스로 충족시킬 수 있는 능력을 기르는 요람으로서의 역할이 부재한 상태를 말한다. 가족은 각각의 개개인으로 구성되고 그 구성원들은 나이에 따라 각자의 역할을 맡는다. 그리고 그 역할은 자녀에서 부모로 부모에서 조부모로 이어진다.

한국은 가장 극심한 변화로 진통을 겪고 있는 사회다. 세계에서도 손꼽히는 최빈국에서 해외 원조를 하는 유일한 국가로 발돋움해 지금에 이르렀다. 이러한 사회 변화는 안정적인 가족구성원들조차 서로 다른 사고로 인해 가족구성원의 욕구 충족과 행복추구라는 가장 기본적인 침해하는 결과를 낳았다.

과거의 사고방식을 가지고 있는 고령의 조부모세대, 조금은 변화된 사회에 익숙하지만 여전히 현대 사회보다 옛 사고방식이 편한 부모세대, 그러한 조부모와 부모세대를 이해하기 힘들어 하는 젊은 세대들 사이에서 사회활동이 저조해지는 조부모세대는 어느 정도의 위치에 있을까.

과거는 '가족'이 '개인'보다 중요시 되는 사회였다. 그렇기에 자식을 위해 아낌없이 주는 희생정신을 보였고 노후에는 자녀에게 기대어 살아가는 것이 당연했다. 의학이 발달하지 않아 오래 살지 못한다는 점에서 자녀에게 봉양 받는다는 것이 큰 문제가 되지는 않았다. 하지만 지금의 가족은 많은 사회전반적인 변화의 영향으로 많은 부분이 달라졌다. 평균 수명은 길어지고 그에 따라 가족 각 구성원간의 사고방식의 차이로 갈등이 발생하기 일쑤다.

사회가 달라지는 동안 사람의 인지는 따라가지 못하기에 발생하는 간극은 많은 문제를 발생시켰다. 이는 사회 문제로 대두되고 사회는 이 문제를 해결하기 위해 다양한 방법을 사용하게 된다. 하지만 나이 듦에 따라 변화를 따라가지 못하는 격차는 결국 스스로를 위험에 빠지게 만든다. 모든 것이 잘못 되었다는 것을 깨달았을 때는 이미 늦었다.

이 책에서는 사회가 바뀌고 사람들의 사고방식이 바뀌는 것과 함께 그 속에서 함께 살아가는 이들 역시 변화해야 한다고 말한다. 60년을 살면 장수 했다고 말했던 시간을 지나 90년을 사는 것이 당연해진 사회다. 오래 사는 것이 중요한 것이 아니라 그 시간을 어떻게 사용하고 죽음을 어떻게 받아들일 것인가가 중요해졌다. 그 시작으로 '나'를 이야기 한다. 과거의 방식으로는 '건강한 가족'을 지키고 나 자신의 '삶'을 지키기 어려워진 현대사회에서 필요한 삶의 방식을 말한다.

과거와 완전히 달라진 사회 속에서 가족속의 '나'를 지키고 삶을 살아간다는 것은 힘든 일이다. 하지만 이는 가족을 구성하는 하나의 독립된 객체로서 건강하게 사회 구성원이 되는 방법이다. 가족은 소중하다. 그 가족의 구성원 중 나이나 병 때문에 누군가가 소외되는 것은 가족이 병드는 지름길이다. 이 책을 통해 알 수 없는 미래에 있을 나 자신을 그리며 건강하고 행복한 가족의 구성원으로서 필요한 것이 무엇인지 생각해 보는 기회가 되길 바란다.

목차

인생 2막. 독립만세!

누구나 심리적으로 기대는 사람이 있다. 그것이 배우자가 될 수도 있고, 자녀일 수도 있다. 의지하는 것이 나쁜 건 아니다. 서로의 짐을 덜고 함께 살아간다는 것은 멋진 일이다. 그러나 내 인생을 남이 살아주지는 않는다.

나 스스로 중심을 잡지 않고 온전히 상대에게 모든 것을 의지해 버리면 갑작스러운 상실에 대한 충격을 피할 수 없다. 예상하지 못한 상실감은 커다란 충격을 준다.

나이가 들수록 주변 사람이 떠나갈 확률은 높아진다. 이로인한 충격으로 인한 과도한 스트레스는 치매나 뇌졸중, 심장마비 같은 쇼크로 나타날 수도 있다. 하지만 많은 사람들이 그 사실을 의식하지 않는다. 눈앞에 바로 닥치지 않는 이상 누군가가 갑자기 죽을 수 있다는 사실은 그저 먼 이야기다. 현실감이 없기에 대부분의 사람들은 준비하지 않는다. 아무것도 준비하지 못한 채 예상하지 못한 죽음에 맞닥뜨리게 되면 그 충격을 어떻게 감당할 수 있을까.

　삶을 나누어 지고 간다는 것에도 기준이 있어야 한다. 언제나 곁에 있을 것이라고 믿고 상대에게 모든 것을 맡겨 버리면 내 삶은 누구의 것이라고 할 수 있을까. 상대가 나의 삶을 책임져 주지 않기에 이는 스스로에 대한 방임이다. 아무런 준비 없이 기대던 상대가 떠나버리면 커다란 상실만이 남는다. 대다수의 사람은 상실의 고통에 방황하지만 극복해 낸다. 하지만 상대에게 모든 것을 맡겨버린 채 상실을 맞이하게 되면 큰 충격과 스트레스로 결국 스스로를 망치게 된다.

　노래를 좋아하는 어르신이 있었다. 과거 학교에서 음악 선생님을 하셨다는 어르신은 치매로 인해 노래 가사를 다 까먹었음에도 멜로디를 흥얼거리는 것을 즐겼다. 노래를 부를 때는 나긋한 움직임으로 춤을 추기도 했다. 그 모습에 다른 어르신들이 흥에 겨워 손뼉을 치며 즐거워했다. 잠시 짬이 난 요양보호사들이 같이 노래를 부르면 신나했다. 젊은 나이에 발병한 치매로 다른 어른들보다 빠른 속도로 기억을 잃어가던 그 분은 '자매님'이라 불렸다. 자매님은 가족의 희망에 따라 자매님의 어머니와 함께 생활하기 위해 같은 층 다른 생활실로 입소했다. 어머니와 같이 생활하면 문제가 발생할까 다들 많이 걱정했지만, 다행인지 불행인지 치매 환자인 어머니는 딸이 치매로 인해 기억을 잃어 간다는 사실을 알지 못했다. 그녀는 딸이 자신의 뒤에서 휠체어를 밀어주며 같이 다닌다는 사실에 만족한 듯했다. 가끔 본인이 원하는 걸 해 달라 말해도 잘 이해하지 못하는 딸을 '왜 이것도 못하냐.' 타박하면서도 끝끝내 그 이유를 알지 못했다.

어느 날 로비를 지나치던 나는 휠체어를 타고 나온 어르신을 보게 되었다. 자매님은 그 앞에 쪼그리고 앉아 양말 하나를 들고 어쩔 줄 몰라 하고 있었다.

"거기 말고 옆에, 옆에 양말을 안 신겼잖아."

어르신이 딸에게 양말을 신기라고 독촉 중이었다. 오른쪽에는 양말이 신겨져 있었고 왼쪽은 아직 맨발인 상태, 맨발이 옆에 있음에도 자매님은 양말이 신겨져 있는 발을 잡고 어쩔 줄 몰라 한다.

"옆이라니까."

딸이 왜 양말을 쥔 채 허둥거리는지 이해하지 못하는 어르신은 조금 짜증난 투다. 어떤 경위로 한쪽 발이 맨발이 된지 모르겠지만, 옆에서 지켜보던 나는 자매님 옆에 쪼그리고 앉았다.

"이건 제가 할게요. 이리 주세요."
"나, 나는, 이거, 이거."

제대로 된 문장이 되지 못한 단어를 들으며 양말을 건네받아 어르신께 신겨드렸다. 폭신폭신한 수면양말이 발에 신겨지고 그제야 자신의 상태가 마음에 든 어르신이 자매님께 말했다.

"얘, 저기 가자."

고맙다는 말조차 제대로 하지 못하는 자매님은 고맙다는 듯 고개를 꾸벅하고 휠체어를 밀고 갔다. 점심시간, 식사를 하던 나는 함께 자리에 앉게 된 선생님에게 두 분의 사연을 물어 보았다.

"자매님 말이에요. 나이도 젊으신데 치매는 어떻게 걸리신 건지 아세요?"

아무리 생각해도 무엇이 치매의 원인인지 이해가 가지 않았다. 뇌혈관 질환도 없고 술을 한 것도 아니고 파킨슨도 아닌데, 치매가 어떻게 걸린 건지 궁금했다.

"남편이 교통사고로 사망하고 그 충격으로 치매가 왔다고 들었어."
"남편이 죽은 것 때문에 치매가 왔다고요?"
"남편이 갑자기 교통사고로 사망했다는 이야기를 듣고 너무 무서워서 책상 밑으로 들어가 웅크리고 앉아 있으셨다고 하더라. 이해가 잘 안되지? 나도 그 말이 잘 이해가 안 가던데, 들어보니까 무서울 만도 해."
"남편이 죽은 거랑 무서운 거랑 무슨 상관이 있는데요?"
"학교 음악 선생님이셨다는 건 알지? 남편이 완전히 떠받들고 살았다 하더라. 학교랑 집안일 외에는 남편이 전부 다 해서 공과금 내는 방법조차도 몰랐다고. 모든 걸 남편이 다 했는데,

갑자기 교통사고로 사망했다는 연락을 받았다고 생각해 봐. 얼마나 충격이겠어. 자기는 할 줄 아는 게 아무것도 없는데, 평생 기대온 남편이 갑자기 죽어버렸다니, 하늘이 무너진 거지."

"쇼크로 치매까지 간 거라는 거죠?"

"듣기로는 과도한 스트레스와 심리적 충격 때문이라고 해. 그래서 언니 되는 분이 포기를 못하고 이 병원, 저 병원 다니면서 치료하려고 노력하는 거고."

"스트레스라는 거 정말 무섭네요."

"배우자가 대신 살아주는 게 아니니까. 자기 인생은 자기가 챙겨야 한다는 거겠지. 그러니까 선생님도 결혼하고 난 뒤에도 남편에게 다 맡기면 안 돼요."

마치 선언하듯 엄숙하게 이야기하는 선생님의 말에 나도 모르게 고개를 끄덕였다. 금슬 좋은 부부의 숨은 비극을 엿본 것 같은 기분이 드는 대화였다.

언제나 아침에 일어나자마자 어머니를 찾아가던 자매님은 제대로 엄마라는 단어로 말을 하지 못함에도 어르신이 휠체어를 타고 밖에 나오면 늘 함께했다. 두 분 모두 기억을 잃어버리는 병을 가지고 있음에도 부모와 자녀라는 관계는 변함없다. 어설픈 딸과 잔소리 하는 엄마. 가끔 딸아이를 이해하지 못하는 어르신의 호통에 다른 사람들이 쫓아가 말리는 일이 생기기는 했지만, 평화로운 일상이었다. 하지만, 그 일상은 갑작스럽게 끝났다.

고령이었던 어르신의 건강이 갑자기 나빠지고 병원에 입원한 지 얼마 되지 않아 부고가 전해졌다. 부고가 전해진 뒤, 요양원에서는 어르신이 사용하시던 침대를 깨끗이 정리하고 이부자리를 걷어냈다. 깨끗이 정리된 침대 위에는 매트리스가 갈색의 속살을 그대로 드러내 놓고 새로운 주인을 기다린다. 텅 빈 침대가 주인의 부재를 알렸지만 자매님의 발걸음은 언제나 생활실 문 앞에서 어정쩡하게 멈춰 섰다.

"자매님 여기서 뭐하세요?"

자매님은 활짝 열린 생활실 문 앞에서 이리저리 서성거리던 걸음을 멈추고 날 쳐다봤다. 제대로 단어가 되지 못하는 말을 힘들게 꺼내며 문 안의 빈 침대를 손으로 가리켰다.

"저, 저기, 어, 어머."

제대로 단어가 되지 못한 말이 조각조각 나열된다. 부서진 말 조각에 스며든 문장이 무겁다.

'저기 누군가가 있었는데…, 그 사람이 누군지 아는데….'

조각난 기억에서 제대로 끄집어내지 못한 것인지…, 필사적으로 그 사람을 찾으며 누구인지 말하려고 노력하지만 단어는 제대로 만들어지지 못했다. 단어가 되지 못한 말들이 그렇게 부서졌다. 기억나지 않는 단어를 말하기 위해 필사적인 자매님께 '어머니께서 돌아가셔서 침대가 비었다.'는 대답을 할 수 없었다. 본능적으로 무엇이 잘못된 것인지 알지만, 엄마라는 단어조차 제대로 말하지 못하는 분께 무엇을 더 말할 수 있을까.

"운동하시는 거예요? 천천히 하세요."

전혀 상관없는 대답을 하고 자매님을 지나친다. 돌아보는 내 눈에 비치는 건 '으응.'이라고 답하고는 다시 서성거리는 발걸음, 자매님은 문 앞에서 한참을 서성였다. 갈길 잃은 사람마냥 문 앞만 서성이는 모습을 보다 못한 이들이 그분의 관심을 돌릴 때까지, 자매님은 그렇게 어르신의 생활실이었던 문 앞에서 돌아오지 않을 이를 기다리며 하염없이 서성였다.

　자매님의 가슴 먹먹한 경험을 하고 난 뒤 많은 시간이 흘렀다. 우연히 교육을 듣기 위해 참여한 수업에서 자매님과 비슷한 분을 만났다. 수업에 참여한 사람들이 각자 자신을 소개할 때였다. 그분은 사람들 앞에서 이야기 하는 것 자체가 어색한 듯 굉장히 쑥스러워했다. 말하는 것을 힘들어 하면서도 차분히 자신을 소개했다. 사별한지 6개월 밖에 지나지 않았고, 평생 집안일만 하며 혼자 물건을 사러 나가 본적도 없다고 이야기 하면서 홀로 서기 위해 수업을 신청했다고 말했다. 어떤 일이든 남편과 함께 했기에 무언가 혼자 해 보는 것이 이번이 처음이라고 하는 얼굴은 많이 긴장되어 보였다. 이 수업을 들으러 오기까지 정말 많이 힘들었지만 자녀들이 지지해주어서 용기를 냈다고 말하는 어색한 웃음에서 나는 자매님을 떠올렸다. 힘들지만 자녀들이 도와줘서 잘 지내고 있다고 이야기 하던 분과 충격을 이기지 못하고 결국 요양원에 입소하시게 된 자매님, 같지만 서로 다른 길을 걸어가는 두 분의 삶은 많은 생각을 하게 했다.

　우리는 건강하고 행복한 삶을 목표로 살아간다. 건강과 행복을 오롯이 누리기 위해서는 건강한 신체만큼 건강한 정신이 필요하다. 건강한 정신이라고 해서 뭐든지 혼자 생각하고 결정하고 판단하라는 의미가 아니다. 모든 것에 대해 '나'를 기준으로 두고 살아야 한다는 이야기다. 내가 살고 있는 이 세상이 유지되는 건 '내'가 살아 있는 그 순간 동안이다. '내'가 죽고 난 뒤의 세상은 의미 없다. 내가 죽어도 해는 뜨고 시간은 흐른다. 하지만 그곳에 나는 없다. 내가 없는 세상의 시간 흐름이 무슨 의미가 있을까?

스스로 의식하고, 삶을 살아가는 동안 유지되는 것이 '나의 세계'다. 나 스스로 세상을 유지하지 못하고 누군가에게 의지한다면 상대가 사라지는 것만으로도 내 세계는 무너질 수 있다. 상실을 극복하지 못한 나의 세상은 그렇게 끝난다. 결국 내가 살고 있는 세계를 유지 하는 것은 '나'의 선택인 거다. 배우자에게 자녀에게 휘둘리지 않고 내 삶에 대한 명확한 기준을 가지는 것은 나 스스로 삶을 살아간다는 가장 중요한 사실을 인식하는 것에서 출발한다.

내 삶을 배우자, 자녀의 손에 삶을 맡기지 말자.

대신 살아주는 것도 아니고 대신 살아 줄 수도 없다. '나'라는 명확한 기준이 없다면 선택의 기로에 섰을 때도 망설이게 된다. 타인에 의해 선택한 삶은 후회를 낳는다. 우리는 시간을 거스를 수 없기에 후회 할 때에는 이미 돌이킬 수 없다.

가장 중요한 것은 '나'라는 것을 잊지 말자. 나이는 상관없다. 하고 싶은 것이 있다면, 생각하고 주변의 의견을 묻고, 선택은 본인이 해야 한다. 중요한 것은 온전한 나 자신으로 홀로 살아 갈 수 있는 존재라는 것의 정확히 인지다.

자신이 무엇이든지 홀로 할 수 있는 존재라는 사실을 믿자.

한 평생 혼자 무언가를 해본 적 없는 사람에게는 너무 어렵게 느껴질 일이다. 거창하게 생각하지 않아도 괜찮다. 먼저 작은 것부터 선택을 하고 직접 해볼 것을 권한다. 혼자 서점에서 책을 골라 보거나 물건을 교환해 보는 것부터 시작해 보는 것은 어떨까. 낯선 곳에서 낯선 사람과 이야기 하는 것이 힘들겠지만 사소한 경험들이 쌓이다 보면 혼자 하는 것이 낯설지 않게 된다. 나 혼자 무언가를 하는 것을 어색해 하지 말자.

혼자 무언가 해 낸다면 새로운 것에 혼자 도전 하는 것도 낯설어지지 않는다. 무언가 하고 싶은 일이 생겼을 때 누군가에게 함께 하자며 기대지 않고 누릴 수 있게 되는 것이다. 내 삶의 주인은 '나'라는 것을 잊지 않고 실천하는 것, 그것이 나를 독립적으로 지키는 첫걸음일 것이다.

당신은 기계가 아니다

대부분의 사람들이 자신의 건강을 과신한다. 평생 병원 한 번 가지 않은 것을 자랑으로 알고 '나는 괜찮을 거라'고 믿는다. 이들 대부분은 자신의 몸이 강철로 만들어졌다는 착각 속에 산다. 평생 아프지 않았으니 본인만은 '병에서 예외'라고 생각하는 거다. 그리고 그 착각이 건강을 망친다. 평소 관리하지 않은 만큼 건강이 나빠졌을 때에는 돌이킬 수 없다.

한 번 잃어버린 건강은 쉽게 돌아오지 않는다.

강철로 만들어진 물건도 수명이 정해져 있다. 예를 들면 집에서 사용하는 냉장고나 세탁기는 아무리 잘 사용해도 10년을 넘기기 힘들다. 기계를 잘 관리하고 무리하게 사용하지 않으면 더 오래 사용할 수도 있지만 노화된 부품을 갈아주지 않으면 멈춰버린다.

자, 생각해 보자. 부품을 갈아 끼울 수 없는 우리 몸은 어떨까? 일반적으로 알려진 이야기에 따르면, 20대 중반부터 노화가 시작되고 대체적으로 30대 이후부터는 노화를 느낀다고 한다. 평균 수명이 80을 바라보는 시대에서 약 50년 동안 노화가 진행된다는 거다.

좀 과장된 표현이지만, 그래프를 그려보면 20대까지 상승곡선이던 건강이 중반부터 꺾이기 시작하고 죽을 때까지 쭉 내리

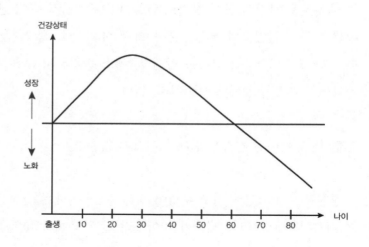

막길을 그린다. 단순한 표로 그려 보아도 건강상태가 점점 나빠지면 나빠졌지 좋아질 수 없다는 걸 알 수 있다. 그런 신체의 변화를 무시하고 건강을 과신하게 되면 어떻게 될까?

뇌졸중으로 쓰러져 요양원에 입소한 어르신 중 ○○군의원을 지내신 분이 있었다. 건강할 때 시설을 몇 번 방문한 적이 있어서 직원 중에 몇몇은 어르신의 얼굴을 기억했다. 건강할 때 보다 살이 내리기는 했어도 건장한 체격과 훤칠한 외모는 나이에 비해서도 젊어 보였다. 그 모습에 다들 '너무 젊은 나이에 요양원에 입소했다.'고 안타까워했다.

어르신은 '씹고 삼킨다.'는 행동을 완전히 잊어버린 상태였다. 요양보호사들과 간호사들은 조금이라도 더 먹이기 위해 노력했지만 쉬운 일이 아니었다. 음식을 씹어 삼킬 수 없어 식사는 미음과 영양 보충제가 전부였다. 아무리 식사를 하시도록 노력해도 삼키는 것을 잘 못하니 영양이 모자랐다. 가족들 역시 걱정을 했지만 본인 스스로 씹어 삼키지 못하기 때문에 뾰족한 방법이 없었다. 식사가 잘 되지 않는 만큼 기력도 많이 떨어졌다. 더욱이 쓰러지면서 뇌의 기능이 많이 저하된 상태였기 때문에 의사소통에도 한계가 있었다. 가끔 누가 면회 온다는 환청을 들으시고는 불안정한 걸음으로 생활실을 걸어 나와 1층 로비까지 내려가 기다려야 한다 말했다. 담당 선생님은 어르신을 말리지 못해 몸 전체를 지지하는 커다란 성인 보행기에 몸을 의지한 어르신을 모시고 1층으로 내려왔다. 담당 선생님은 오지 않을 환상 속의 그 누군가를 1층에서 하염없이 기다리는 어르신을 겨우 설득해서 층으로 올라가곤 했다.

오늘도 그렇게 내려와 한참 사람을 기다리다가 생활실로 올라가는 어르신의 뒷모습을 사무실 창 너머로 바라보며 나도 모르게 중얼거렸다.

"어르신 60대이신데 정말 건강이 너무 많이 나쁘신 거 같아요."
"처음에 쓰러졌을 때 건강 조심하면서 몸 관리 했으면 요양원에 안 오셨을 거야."

생각지도 못한 과장님의 대답에 의문이 생겼다. 무슨 일이 있었기에 요양원에 올만큼 건강이 나빠진 거지? 요양원에서는 60대는 굉장히 젊은 나이다. 이곳에서 일하는 사람들 대부분의 머릿속에 [60대=젊은이]라는 공식이 있을 만큼 60대는 요양원과 거리가 먼 나이 대다.

"처음 쓰러졌을 때는 건강이 이 정도로 나쁘지 않으셨나 봐요?"

"건강을 과신한 거지. 처음에는 가볍게 쓰러져서 생활하는데 크게 불편함은 없었다고 하는 것 같았어. 군 의원으로 활동하신 분이니 얼마나 활동에 적극적이었겠어. 건강이 많이 나쁘지 않다는 생각에 열심히 활동하다가 또 쓰러진 거야. 시골 같은데 가서 요양하고 몸을 쉬게 해 줘야 하는데 결국 사단이 난거야."

자신은 쓰러졌지만, 다시 일어날 만큼 몸이 건강하다는 과신으로 쓰러지기 전과 같이 활동했다는 말이 묵직하게 가슴을 쳤다. 보통 건강에 자신 있는 사람들 대부분이 그러하듯 몸에 이상이 생겨서 치료하고 난 뒤, 건재함을 알리기 위해 더 열심히 활동한다. 의사의 충고보다 스스로의 판단을 더 믿은 행동의 결과는 돌이킬 수 없다.

"60이 넘은 나이에 한 번 쓰러졌는데 건강이 완전히 회복될 리가 없지. 다들 평생 청춘인줄 아는데 나이가 들면 회복이 잘 안되잖아."

건강을 과신하지 않았다면 조금 불편하더라도 일상생활에 어려움 없이 잘 지내셨을까? 30대 초반의 아들과 이제 태어난 지 얼마 되지 않는 손주의 손을 꼭 쥐고 면회 오는 배우자분의 얼굴을 볼 때마다 안타까운 마음이 들었다. 조금만 건강을 조심했다면 손주의 재롱을 보며 즐거운 시간을 보낼 수 있었을 텐데. 젊은 나이에 요양원에 들어와 가족들과 떨어져 지내는 모습에 씁쓸해졌다.

누구나 이렇게 될 수 있음에도 '나는 20대의 젊음을 유지한다.'는 이상한 믿음을 가진 사람이 많다. 나이를 먹어가면서 진행되는 노화로 신체는 회복기능을 서서히 잃어가지만, 그 사실을 망각한다. 그리고 그 생각이 우리를 실수하게 만든다.

태어나서 사용한 만큼 기능이 떨어졌지만, 그 사실은 잊은 채 병원에서 치료하고 나면 완전히 다 회복되었다고 믿는다. 정말 괜찮아진 것이 맞을까? 나이가 젊다면 노력에 따라 회복이 가능하다. 하지만 나이가 많다면 몸에 생긴 문제는 그리 간단하지 않다. 위에서 말한 것과 같이 30대부터 노화가 시작된다고 계산하면 60대는 이제 몸 여기저기가 고장 날 시기다. 특히 많이 사용한 부분은 비명을 지를 때가 됐다. 고장 날 일만 남은 몸을 제대로 돌보지 않고 건강을 과신하는 것은 멍청한 짓이다.

우리나라 사람들은 정말 열심히 산다.

'열심히 산다.'는 말 속에는 '건강을 쥐어짠다.'는 말이 숨어 있다. 6·25전쟁으로 폐허가 된 대한민국은 가지고 있는 지하자원 하나 없이 오롯이 사람의 능력만으로 지금의 경제성장을 이룩했다. 동서남북 할 것 없이 모두 나라 발전을 위해 각자의 위치에서 최선을 다했다. 먹을 것이 없어 배 곯는 일은 없어야 한다는 일념 하나로 국가경제성장 하나만을 바라본 채 달렸다. 아무것도 없는 나라를 발전시키기 위해서는 몸을 던져 일하는 것 외에는 방법이 없던 시절, 사람들은 자신이 가진 에너지의 120%를 쏟아 부어 지금의 대한민국을 일궈냈다. 현재의 대한민국을 이뤄낸 세대들은 나이가 들어 은퇴를 해도 그렇게 산다.

열심히 산다는 것은 좋은 일이다. 하지만 지금까지 열심히 살아온 내 몸이 고생한 만큼 쉴 수 있도록 해 주지 않는 것은 자기학대 아닐까?

60대가 되면 50대에 일하던 것의 50%만 일하라고 한다. 나이가 든 만큼 몸은 노화가 되었으니 무리하지 말라는 말이다. 어디 한 곳이 아프기 전까지는 아무리 옆에서 이야기해도 듣지 않는다. 언제나 괜찮았기에 괜찮을 거라고 자신을 하는 건 지금까지 그렇게 살아 왔기 때문이다. 그런 이들이 심각함을 느끼기 시작하는 것은 몸 한군데가 고장 나고 나서부터다. 문제는 여기서 발생한다.

몸은 나빠지고 있다고 신호를 보내고 있지만, 그냥 나이가 들어서 어쩔 수 없다고 생각하고 넘기는 사람들이 대다수다. 그러다 어깨가 아프고 허리가 결리고 무릎이 아파 걷기 힘들어지면 병원을 간다. 병원에 가서는 나이가 들어서, 아플 때가 되어서 아프다고 말하고는 어쩔 수 없다는 식으로 말한다. 그러고는 A/S센터에서 부품을 갈아 끼워서 완전히 새 몸으로 바뀐 것도 아닌데 병원을 다녀와서 괜찮다고 생각해 버리는 거다. 고혈압, 당뇨, 고지혈증 등의 대사증후군조차도 나이 탓으로 넘기는 경우가 허다하다. 제대로 된 관리도 하지 않고 나이 탓만 할 뿐, 쉬면서 관리를 해 주어야 함에도 그 사실을 무시하기 일쑤다.

우리 몸은 기계가 아니다.

병원에서 시키는 대로 약을 먹고 치료를 받는다고 해도 기계를 고치듯이 아픈 곳을 새것으로 갈아 끼울 수 없다. 휴식이 최선이라고 말해도 몸을 많이 움직이던 것이 익숙한 사람은 '가만히 있으면 좀이 쑤신다.', '사부작거리며 움직이는데 뭐가 문제냐.', '못 움직이면 죽어야지.' 등등의 말을 하면서 한시도 쉬지 않는다.

바닷가에 휴가를 다녀 온 동생의 말이 기억에 남는다. 바닷가 모래가 너무 고와서 바닥에 앉아 열심히 모래성을 쌓으며 놀았다. 그 모습을 본 영국인 친구가 '대체 한국인은 왜 놀러 와서도 일을 하냐'고 핀잔을 주더란다. 모래성 쌓기가 왜 일이냐고 묻는 말에 돌아온 대답이 우습다.

'그것도 노동이잖아.'

친구의 입장에서는 바닷가에 느긋하게 늘어진 자신과 달리 모래사장을 뛰어다니며 모래성을 쌓고 조개를 줍는 동생의 모습이 마치 일하는 것 같았던 모양이다.

대체 쉰다는 게 뭘까.

한국 사람에게 쉬어라고 하는 말만큼 어려운 말도 없다. 몸을 움직이지 않으면 좀이 쑤시는 사람들이다. 동생을 보고 '노동한다.'고 말한 그 친구의 말처럼 느긋하게 앉아 쉬지 못하는 것이 대한민국 국민성인 것 같다.

평균수명 80인 시대, 죽는 그 순간까지 내 발로 하고 싶은 일을 하면서 건강하게 살다가 죽는 건 모두의 꿈이다. 하지만 기대수명의 10%를 병원에 드나들며 보낸다는 사실을 우리는 잊고 있다. 그 모든 것이 나이를 잊고 건강을 과신하는 것에서 온다는 걸 간과하지 말자. 젊은 날을 빛나게 한 소중한 몸이다. 나이가 들어가는 만큼 내 몸도 지쳐간다. 충분한 휴식을 하지 않으면 결국 탈이 나기 마련이다.

다들 이렇게 물을 거다.
휴식이 중요한건 알겠는데 무엇을 어떻게 해야 하냐고.

쉬는 날 주말 농장에서 밭일 하는 걸 쉬는 거라 말하는 것이 대한민국 사람 아니던가. 쉬어보지 못한 사람에게 여유를 가지라고 말하는 것만큼 뜬구름 잡는 소리는 없다.

일분일초가 아까워서 시간을 쪼개 쓰던 사람에게는 느긋한 시간은 아깝게 느껴질 수 있다. 황금 같은 시간이 손가락에서 줄줄 흘러내리는 기분일거다. 하지만 그건 아까운 시간이 아니다. 긴장과 스트레스를 풀고 무리한 몸에게 휴식을 주는 일이다. 우리가 건강을 위해서 보약을 챙겨 먹듯 '시간'이라는 보약을 몸에 먹이는 시간이다. 떠나간 님보다 더 무서운 게 떠나간 건강이다. 언젠가 파업할 몸에 미리 파업 늦게 하라고 기름칠을 한다 생각하자.

쉰다는 것을 어렵게 생각하지 말자.

아무것도 안하고 늘어진 시간, 우리 몸은 그런 느긋한 시간이 필요하다. 아침에 일어나기 힘들어서 끙끙거리고, 온 몸이 아프다면 그건 분명 무리했다는 증거다.

사람의 몸만큼 솔직한 것은 없다.

내가 아무리 괜찮다고 생각하더라고 무리하거나 과도하게 스트레스를 받으면 분명히 탈이 난다. - 아무리 힘들어도 잘 버틴다고 주장하는 사람이 있다. 그건 정신력으로 버티는 거다. 긴장이 풀리는 순간 몸은 크게 앓을 수 있다. - 아침 기상시간이 상쾌하지 않다면 몸의 피로가 덜 풀렸기 때문이다. 무리 했을 때 제대로 쉬지 않으면 면역력이 떨어진다. 내가 아무리 괜찮다고 해도 피곤한 몸이 휴식을 주장하면 이길 방법이 없다. 몸의 주인이 뭐라 하던 몸이 자체적으로 알아서 파업할 건데, 방법이 있나?

미리미리 쉬어주자.

낮잠을 자고 집에서 맛있는 음식을 해 먹으면서 빈둥거리며 편안한 시간을 보내거나 방에서 드라마나 영화 같은 걸 보면서 느긋한 시간을 보내 보는 것도 좋다. 여기서 말하는 휴식은 몸의 긴장을 이완시키고 편한 시간을 말한다. '무조건 늘어져 있자.' 라는 것이 아니다. 느린 걸음으로 산책을 하고, 배우자와 차를 타고 교외로 드라이브도 가고, 친구를 만나 식사를 하는 등의 시간도 좋다.

졸리면 초저녁이라도 일찍 자자. 중요한 것은 팽팽하게 당겨진 신경을 누그러지게 하고 편안한 시간 속에서 맛있는 것을 해 먹으면서 여유를 가지는 거다.

사람은 태어나서 죽을 때까지 태어난 몸을 가지고 살아간다.

타고난 신체가 건강할 수도 있고, 약할 수도 있다. 젊을 때부터 관리를 해도 건강은 나이가 들면 다 똑같다. 사용한 만큼 무리가 가고 피곤한 만큼 휴식이 필요하다. 젊은 날 열심히 달린 몸은 그만큼 돌봄이 필요하다. 나이가 많아서 슬프다고 이야기하는 사람들이 많다. 하지만 지금까지 나를 지탱해준 이 몸이 있기에 나이가 많아 슬프다는 이야기도 할 수 있는 것 아닐까. 지금까지 사용하면서 무리한 몸이 더 나빠지지 않도록 적당한 휴식으로 여유를 가지자.

죽을 때까지 함께 할 내 몸, 내가 아껴주지 않으면 누가 아껴줄까. 내 몸에 대한 존중과 보호는 당신의 배우자도 자녀도 챙기지 않는다.

건강이 나빠져서 고생하는 건 자기 자신이다. 누구도 그 고통을 대신할 수 없고 이해할 수도 없다. 아프다고 말하는 한때만 걱정할 뿐이다.

잊지 말자.
내 몸을 잘 아는 건 나 자신이다.

인간의 몸은 기계가 아니다. 내가 몸을 사용한 시간만큼 함께 나이를 먹어간 몸을 챙겨야 건강한 몸을 유지할 수 있다.

오늘부터 내가 우리 집 요리사

요양원은 장기요양보험공단에서 어르신의 건강 상태에 따라 매겨진 등급을 기준으로 입소할 수 있는 생활시설이다. 이런 시설에 입소한 분 중에서는 입소이유가 아리송한 어르신이 가끔 있다. 건강이 크게 나쁜 것도 아니고 치매와 같이 도움이 필요한 병이 있는 것도 아니다. 작은 도움만 있으면 혼자 생활이 가능할 정도의 건강상태다. 하지만 가족들은 어르신이 시설 안에서 생활하기를 원하고 어르신 역시 시설 입소에 대해 거부감을 가지지 않는다. 왜 그럴까?

지나가듯 말을 걸어도 그저 허허 웃기만 하던 할아버지 한 분이 계셨다. 배우자와 사별한지 얼마 되지 않아 시설에 입소한 분이었다. 잘 걸어 다니시고 대체로 본인의 일은 스스로 하셔서 큰 도움이 필요 없는 분이었다. 같은 방을 사용하시는 다른 어르신의 부탁을 들어 주실 정도로 건강도 정정하셨다. 조용하고 별 말이 없는 분으로 누가 먼저 말을 걸기 전에는 먼저 말을 하시는 일도 잘 없었다. 그러던 어느 날, 의자에 앉아 TV를 보시고 있던 어르신의 옆에 슬그머니 앉아서 먼저 말을 걸었다.

"점심은 맛있게 드셨어요?"

내 질문에 어르신은 가볍게 고개를 두어 번 끄덕이는 걸로 대답을 대신한다.

"식사는 괜찮으세요?"
"맛나지. 맛나."
"입에 맞으시다니 다행이네요."

실없는 이야기를 몇 번 주고받았다. 잘 대답을 안 해주시던 분이 그날따라 무슨 바람이 불었는지 조근이 답했다. 일상적인 이야기를 주고받던 중 나도 모르게 한마디가 불쑥 튀어나왔다.

"집에 계시면 더 편하지 않으세요?"

굳이 이곳에 있지 않아도 생활이 가능한 분이시니 집이 더 편하지 않을까? 특별할거 없다고 생각한 질문이었지만 대답은 쉬이 돌아오지 않았다.

"우리 애들이 나 밥 해 준다고 매일 올 수는 없잖아."

어르신이 이곳에 입소한 사연, 먼 곳에 사는 자녀들이 집까지 찾아와 식사를 챙기기 어렵고 본인이 스스로 요리를 할 수 없어 입소하시게 되었다는 거다.

"할멈이 해주던 밥이 맛있었지."

배우자 분을 떠올리는지 생각에 잠긴 어르신의 모습에 조용히 자리에서 일어섰다. 아무 생각 없이 한 말 때문에 아픈 기억을 꺼낸 것 같아 괜히 죄송스러웠다.

요양보호사로 있으면서 경험한 이 일은 사회복지사로 있을 때에도 생겼다. 부부가 나란히 요양원에 입원을 했다. 할머니는 중증으로 거동이 전혀 되지 않아 일상생활 전부에 도움이 필요한 상태였고 할아버지는 노화로 인한 신체기능 저하가 있었지만 건강은 양호했다. 두 분이 함께 입소한 표면적인 이유는 비록 생활실은 다르지만 같은 층에 머물면서 자주 얼굴을 볼 수 있다는 것이었으나, 실제로는 할아버지의 식사 문제 때문이었다. 혼자 식사를 챙기기 어려운 아버지를 걱정한 자녀들이 시설에 입소를 권했고, 할아버지 역시 자녀들의 설득을 이해하고, 입소하신 것이었다. 직접 식사를 챙기기 어려워서 요양원에 입소하게 된 것이다.

어른들의 말을 들어보면 장을 보고 재료를 다듬고 요리를 하는 것이 가장 힘든 일이라고 한다. 실제로 시설에 입소한 분들 중 거동은 되나, 노환으로 움직임이 힘든 어르신들은 식사 걱정을 하지 않아도 돼서 좋다고 한다. 이 주장에 '요양원의 경험만으로는 일반화하기에 힘든 말이지 않냐.' 묻는 분들이 있을 거다. 요리가 뭐가 그렇게 대단하냐고 묻는다면 또 다른 이야기 하나를 적어 보겠다.

다양한 나이대가 모이는 교육을 들으러 가서 생긴 일이다. 내가 속한 조에는 나를 포함 총 6명이 있었는데, 그 중 네 분이 상당히 나이가 있는 남성들이었다. 세 분은 정년퇴임을 하셨고 한 분은 아직 중년이셨다. 어떤 이야기를 하다가 요리 이야기가 나오게 된 건지 모르겠지만, 물병에 물을 채우고 자리에 앉은 내 귀에 굉장히 흥미로운 대화가 들렸다.

"요새 누가 앉아서 마누라가 해주는 밥을 얻어 먹어. 그러다 쫓겨나지. 퇴직도 했으니 밥은 자기가 해서 먹어야지. 다 먹고 설거지도 하고."
"그렇지, 친구랑 놀러 다니기 바쁜데 밥해 달라 해봐. 쫓겨난 다고."

정년퇴임한 두 분은 내가 무슨 음식을 잘 만드니, 어느 반찬 집이 맛있다느니 등의 이야기를 나누며 요리의 중요성을 설파 중이었다. 그 두 분과 달리 다른 한 분은 조금 불만스러운 표정으로 투덜거렸다.

"집사람이 밥을 해줘야지. 그것도 안 해주면 뭐합니까. 돈 벌어 오는 것도 아닌데."

조금 나이가 어린 어른이 슬그머니 반박을 했지만, 두 분에게는 통하지 않았다.

"아니, 이 사람이 지금 시대가 어떤 시대인데 앉아서 밥을 얻어먹어. 그러다 진짜 큰일 나."

옆에서 듣고 계시던 중년 남자분이 두 분의 말을 거든다.

"요즘은 몇천 원만 주면 반찬도 다 사는 시대인데, 밥만 해서 먹으면 되죠."

대화 내용이 재미있어서 듣고 있던 나는 불만 가득한 얼굴로 투덜거리는 분의 모습에서 문득 요양원에 오신 어르신의 모습이 떠올랐다. 요리의 중요성을 쉽게 받아들이지 않는 것 같아 한마디 툭 던졌다.

"밥 해 먹을 줄 몰라서 요양원에 입소하는 분들도 계세요. 밥은 할 줄 알아야죠. 부인께서 돌아가신다고 따라 죽으실 거 아니잖아요. 평균 수명도 늘어났는데, 자녀들 출가시키고 각자 취미생활 하시려면 밥 정도는 챙길 줄 아셔야죠. 매일 같이 있으신 것도 아니니까요."

본인 스스로 밥을 해 먹을 줄 알아야 한다고 생각하는 나는 조금 과장되게 이야기 했다. 내 말에 요리를 해야 하는 이유를 주창하던 두 분이 흐뭇해한다.

"그래 맞아. 이제 이게 트렌드라니까."

혼자 밥 잘 챙겨 먹는다고 하시며 요리에 자부심을 보이던 두 분은 시대에 발맞춰 살아간다는 사실에 뿌듯해했다. 그리고 이제까지 생각하지 못했던 부분을 지적당한 다른 한 분은 할 말을 잃으신 듯하다.

"잘 먹어야 건강하죠. 부인이 안 계시다고 굶고 있을 순 없잖아요. 매일 사먹을 수도 없고."

다들 내 말에 공감한다는 듯 잘 먹어야 건강하다는 이야기로 대화가 넘어갔다. 식사를 한다는 건 단순히 주린 배를 채운다는 의미가 아니라 살아가는 원동력이라는 말과 함께 요리예찬은 수업이 시작하기 전까지 이어졌다.

많은 사람들이 요리를 할 줄도 모르고 귀찮다고 간과하는데,

힘들지만 꼭 필요한 일이다. 건강을 유지하는데, 가장 중요한 게 영양소 섭취다. 나이가 들어갈수록 입맛도 없고 먹는 것에 소홀해 지기 쉽다. 음식은 사람에게 가장 기본적인 에너지다. 식사를 제대로 하지 못하면 몸은 스스로가 비축해 놓은 에너지를 꺼내 쓴다. 자신 스스로 몸을 파먹는 거다. 나이가 많을수록 입맛이 떨어지고 식사에 대해 소극적인 자세를 보이면 몸에 비축된 에너지는 고갈된다. 직접 만든 음식으로 제대로 식사를 하는 것은 단순히 배를 채우는 행위가 아니라 건강을 챙기는 일이다.

남성이 주방에 들어가는 것을 금기시 했던 시절을 살아온 남성들은 대부분 요리를 할 줄 모른다. 연배가 높아질수록 주방에 들어가는 것을 꺼리는 경우도 많다. 이로 인해 퇴직 후 여유로운 생활을 보내는 동안 친구들 모임, 여행 등을 가는 배우자와 가장 크게 갈등을 빚는 일 중 하나가 먹는 문제다. 곰탕 한 냄비 끓이는 부인과 그것이 못마땅한 남편 이야기는 인터넷에서 회자되는 개그지만, 요리를 못하면 당장 내 이야기가 된다.

'내'가 살기 위해서 요리가 필요함에도 그것을 인정하고 실천하는 것은 쉽지 않다. 아무것도 할 줄 모르는 사람에게 요리를 하라는 말 만큼 뜬금없는 말이 있을까. 만약 요리를 하지 못한다 해도 배우자나 자녀가 식사를 챙겨 줄 수 있다면 요리를 할 줄 몰라도 괜찮다. 그것이 힘들어도 끼니때 마다 식사를 차려 주기 위해 24시간 대기하는 사람을 둘 수 있는 능력이 있다면 문제 될 것이 없다. 그렇지만 보통 사람들은 그런 사람을 고용할 능력이 되지 않는다. 옆에서 식사를 챙겨줄 사람이 없다면 식사는 큰일이 된다.

요리에 관심이 있어서 요리 방송을 보면서 배우고자 노력하고 시도해보는 사람에게 요리를 못하는 건 큰 문제가 되지 않는다. 하지만 그런 것에 전혀 관심이 없고 시도할 생각도 없는 사람에게는 당장 먹고 사는 문제와 직결된다. 매일 외식을 할 수도 없고 멀리 사는 자녀가 식사를 챙기기도 힘들다. 결국 시설로 들어가는 방법 외에는 선택지가 없다. '요리'를 할 수 있다는 사실 하나만으로도 요양원에 들어가는 선택지를 지울 수 있다.

요리가 중요한 것은 이해했다면 가장 큰 문제가 남았다. 어떻게 요리를 배울 것인가. TV나 인터넷을 찾아보고 요리를 따라 해야 할지, 배우자에게 요리를 가르쳐 달라 해야 할지 참 어려운 문제다. 쉽게 생각하자. 배우자나 자녀가 도로주행을 할 때 옆에 앉아서 봐준 경험이 있는 사람이라면 알거다. 가족에게 무언가 배운다는 건 쉽지 않다. 잔소리가 날아 들어오기도 하고 사소한 일에 언성이 높아지기도 한다.

아무것도 할 줄 아는 것이 없는 사람에게 주방은 어색한 공간이다. 그렇다고 배우자가 요리하는 옆에서 기웃거리자니 쑥스럽고 괜히 잔소리만 들을 것 같다. 익숙하지 않은 일을 하려다 보면 쉽게 요리하는 배우자의 모습 −원래 남이 하는 건 쉬워 보인다.− 에 괜히 그까짓 거 뭐가 대단하냐고 투덜거릴 수도 있다.

말 한마디 잘못했다가 부엌이 홈그라운드인 배우자와 틀어지면 나만 손해다. 요리를 배우기로 마음먹었다면 먼저 시간이 날 때마다 요리를 알려주는 유튜브 채널이나 TV 요리 방송을 보면서 눈으로 익히길 권한다. 백지에 그림을 그리는 것 보다 밑그림을 그려 놓고 색칠하는 게 쉬운 것과 같다. 요리에 대해 관심을 가지고 다른 사람이 요리하는 모습을 눈에 익혔다면 문화교실이나 요리 학원에서 기본적인 것을 배우는 것을 추천한다. 뭐든지 남들과 비교할 수 있는 곳에서 배워봐야 빨리 늘고 재미도 있는 법이다.

어느 정도 요리에 익숙해 졌다면 꼭 해야 할 일이 있다. 바로 가족들에게 요리를 맛보이는 거다. 처음에는 최소한 실패해도 맛이 없지는 않은 음식으로 선택하는 것이 중요하다. 아주 쉬운 음식 - 김치볶음밥, 된장찌개, 김치찌개 등 대중적인 음식부터 시작해 보자. 일단, 식자재들이 어디에 있는지 파악한 뒤, 요리를 할 때는 배우자를 주방에서 쫓아낸다. 맛이 있든 없든 혼자 요리를 만들어서 요리에 재미를 붙여 보는 것이 핵심이다. 완성된 음식을 먹고 난 뒤에는 꼭 평가를 받자. 평가가 박할 수도 있고, 좋을 수도 있다. 평가에 연연하기 보다는 어떻게 하면 더 잘 만들 수 있는지 팁을 물어보고 다시 도전해 보는 것이 중요하다. 이런 식으로 이야기를 나누면 요리를 통해 사이가 더 돈독해 질 수 있을 뿐더러 요리에 재미를 붙일 수 있다. 입맛이 없어서 식사를 제대로 하지 않는 사람도 배우자의 요리에 대해 이야기를 나누는 행동을 통해 좀 더 적극적인 식사와 충실한 영양 섭취가 가능해진다. 본인의 요리 실력이 느는 건 덤이다.

건강한 음식이 건강한 신체를 만든다. 인간의 몸은 각 부위마다 재생되는 주기가 다른데 태어나서부터 죽을 때까지 유지되는 뇌세포(소뇌는 40년보다 약간 짧다)를 제외한 다른 부분은 모두 재생되는 것에 '음식'의 영향을 받는다.

몸에 필요한 균형 잡힌 영양분을 제대로 공급받지 못한다면 새롭게 재생되는 세포에게는 그만큼 치명적이다. 신선한 재료로 균형 잡힌 식사를 하게 되면 건강한 세포가 재생된다. 나이가 들면서 신체기능이 떨어져도 건강한 식습관으로 제대로 된 영양이 공급되면 신체는 건강하게 재구성 된다.

'먹기 위해 산다.'는 말이 있다. 삶에서 식사가 얼마나 중요한 부분을 차지하는지 단적으로 보여주는 말이다. 이 말을 증명하듯 마지막까지 남는 즐거움은 '식욕'이라 한다.

음식을 먹는 행위 그 자체가 인간의 삶에 얼마나 큰 영향력을 주는지 잘 말해주는 단어다.

음식을 먹는 것이 단순히 배를 채우는 것이 아닌, 사람이 살아가는 것에 제일 기본이라는 것을 잊지 말자. 우리의 건강은 먹는 음식에서부터 시작한다.

안 쓰면 고철만 못하다

내게 운동은 다이어트를 하는 사람이나 몸매 만들기 좋아하는 사람이 하는 것이라는 인식이 있었다. 그러던 어느 날부터 갑자기 오른쪽 무릎이 아파왔고 나는 덜컥 겁이 났다. 매일 보는 사람이 아픈 사람들 뿐이니 소심한 나로서는 당장 병원을 가야 하는 게 아닌가 하는 생각이 들었다. 내 고민을 들은 친구는 나이도 젊으면서 무슨 병원이냐고 타박했고, 병원보다 운동을 권했다. 태어나서 숨쉬기 운동밖에 해보지 않은 사람에게 운동은 너무 어려웠다.

인터넷을 검색해서 운동 영상을 보고 따라 하라는 건지, 어디가서 전문가에게 배우라는 건지 도무지 알 길이 없었다. 아무것도 몰라 징징거리는 내게 친구는 근육 강화를 위해서는 헬스가 제일 좋고 헬스는 잘못 운동하면 오히려 몸이 상하니 트레이너에게 직접 운동을 배우는 PT를 하라 조언했다. 비싼 금액에 눈물이 났지만, 병원보다는 나을 거라 스스로를 위안하며 그렇게 헬스장에 등록했다.

헬스장을 다니던 어느 날이었다. 사람들이 적은 시간이라 조용할 헬스장이 평소와 다르게 어수선했다.

"한 번 더 하세요!"

우렁찬 트레이너의 목소리가 들리고 뒤이어 힘들다는 투덜거리는 소리가 따라온다. 나는 호기심이 생겨 소리가 나는 스트레칭 룸 유리창 근처를 기웃거렸다. 스트레칭 룸에는 운동을 도와주는 두 명의 트레이너와 그들에게 가려 잘 보이지 않는 사람이 한 명 있었다.

"조금만 더 하시면 됩니다. 네, 그렇게요!"

한 명은 도와주는 트레이너가 맞는 거 같고 한 명은 옆에서 으쌰으쌰 응원하는 모양이다. 마무리 운동을 끝내고 트레이너들은 인사를 하고 스트레칭 룸을 나왔고, 나는 그 뒤에 나올 사람이 누군지 궁금해서 문만 뚫어져라 봤다.

"엄마, 얼른 나와. 다른 사람들도 운동 해야지."

산행 때 쓰는 스틱 2개를 들고 스트레칭 룸으로 달려간 나이 지긋한 아주머니가 소리치자 신경질적인 목소리가 흘러나왔다.

"힘들다 안 카나. 좀 기다리라."
"본인 좋으라고 하는 운동인데, 좀 즐겁게 해."
"저거시 나 죽이네. 아이고 나 죽어."

엄살이라는 엄살은 다 부리면서 스틱을 잡고 일어서는 사람은 머리가 하얗게 센 여성이었다. 허리는 꼿꼿했지만, 걷는 것이 힘든 것인지 스틱에 몸을 지지해서 일어선다. 순간 요양원에 있는 것 같은 착각이 들었다. 저렇게 건강이 좋지 않은 분이 왜 여기 와서 운동을 하는 거지? 나는 호기심을 참지 못했고 운동을 하는 도중 내가 본 광경을 담당 트레이너에게 말했다.

"회원님 오시기 전에 운동하신 할머니요? 그 분 여기 오셔서 건강 진짜 많이 좋아지셨죠. 어른들 쓰시는 보행기 아시죠? 혼자 못 걷는 분들이 몸 완전히 기대서 걷는 거요. 사람만큼 커다란 거. 여기 처음 오실 때 제대로 걷지도 못해 거기 완전히 몸을 기대서 오셨거든요. 따님이 우리 어머니 운동 좀 시켜 달라고 모셔 왔었어요."

"그럼 걷지도 못하셨어요?"

"잡고 서있는 정도는 하셔도 걷는 건 무리죠. 제대로 못 걸으시니 운동할 때 힘들었어요. 엄청 고생하셨는데 지금은 많이 좋아지신 거예요. 스틱 2개로 걸을 수 있으시잖아요. 그런데 이제 좀 걷는다고 힘드니까 운동 안하려고 꾀부리다가 따님한테 잡혀 오셨어요."

"진짜 근육 운동이 필요하긴 하네요."

"나이 들수록 더 필요하죠. 굳이 헬스장을 오지 않아도 근력 유지하게 운동을 해야 나이가 들어도 자기 발로 걸어 다닐 수 있으니까요."

근력운동의 중요성을 직원교육시간에 귀에 딱지가 앉도록 듣지만 직접 체감할 일이 없었던 나로서는 헬스장 어르신의 이야기가 신기하게 들렸다.

나이가 들면 여기저기 삐거덕거리는 관절에 움직이기 귀찮기 마련이다. 활동성이 저조해지면 근력이 빠지고 근육의 지지력이 떨어지면 관절에 무리가 온다. 통증으로 다시 활동성이 줄어들면 계속해서 건강이 나빠지는 악순환으로 이어진다. 운동의 필요성은 잘 알려져 있지만 그만큼 챙겨서 하기 어렵고 힘들다. 하지만 운동이 건강회복에 확실한 효과가 있다는 것을 직접 보니 알고 있는 지식이 새롭게 느껴졌다.

헬스장에서 본 것을 이야기하면 대부분의 어른들은 이렇게 대답한다. 헬스장 갈 돈이 어디 있냐고, 그 돈이 한두 푼이냐고. 그런 물음에 대한 대답으로 또 다른 이야기 하나를 풀어볼까 한다.

일반적으로 젊은 사람도 장기입원을 하면 사용하지 않는 근력이 약해진다. 연세가 높은 어르신들은 그 정도가 심한데 1달 정도 걷지 않으면 근력이 떨어져 몸을 지탱해서 걷는 것이 어려워지는 경우가 많다. 사용하지 않아 근력이 떨어지고 나면 다시 운동을 해서 근력을 돌려놓는다. 하지만 대체로 어른들은 스스로의 건강상태를 인지하지 못한 상태에서 걸을 수 있다고 착각한다.

자신의 상태를 정확히 알지 못하고 움직이다가 침대나 의자에서 떨어져 대퇴골 골절 등의 병을 얻는 경우가 많다. 이런 경우가 많이 있는 병원이나 요양원에서는 제대로 운동하지 않아 근력이 회복되지 않은 상태의 어른들을 '낙상고위험군'으로 지정, 관리한다. 뼈가 부러지면 제대로 낫기 힘들고 어르신만 더 고생하게 되는 일을 방지하기 위해서다.

'낙상고위험군'으로 지정되었지만 걷고 싶어 하는 어르신이 있었다. 병원에 입원한 기간 동안 다리를 사용하지 않아 근력이 많이 약해져서 휠체어를 사용하는 것 말고는 이동할 방법이 없었다. 이 분이 걷고 싶어한 이유는 딱 하나, 본인 발로 걸어서 화장실을 가고 싶어서였다. 제대로 몸을 지탱하지 못하는 다리로 걷는 건, 사고 발생 위험이 높다. 다행히 어르신은 그러한 사실에 대해 잘 알고 있으셔서 무조건 침대에서 내려오거나 휠체어를 타지 않으려는 행동은 보이지 않았다. 그 대신 운동하면 걸을 수 있다는 물리치료사의 말에 매일매일 운동을 했다. 운동이라고 해서 엄청 거창한건 아니다. 생각해 보라. 침대위에서 무슨 운동을 어떻게 얼마나 하겠나? 침대에 누운 채로 다리를 올리고 내리는 운동, 자전거타기, 허공걷기 운동 등등 가벼운 다리 운동을 꾸준히 했다.

나중에는 요양원에서 사용하는 침대 사이드 사이에 다리를 집어넣고 걷는 것 같이 움직이는 연습도 병행했다. 제대로 된 운동이 될까 싶은 움직임도 꾸준한 운동은 느리지만 확실히 근력을 회복시켰다. 어르신은 그렇게 2년의 노력으로 스스로 걸을 수 있게 되었다. 연세가 높아서 작은 보행기의 도움을 받아 조금씩 걷기 시작하면서 어르신의 일상은 많이 달라졌다. 직접 화장실을 갈 수 있게 되었고 프로그램에 참여하기 위해 이동할 때에도 스스로 걸어서 이동할 수 있게 되었다. 부지런히 걸으면서 주변 사람들에게 '잘 걷지 않냐.' 자랑하기 바빴다.

이와 정반대의 일도 있었다. 이 어르신은 요양원에 입소할 당시 몸이 나무토막 같이 일자로 완전히 굳어버린 상태였다. 팔도 다리도 제대로 굽혀지지 않았고, 침대의 상부를 일으켜 앉게 만들어도 제대로 자리에 앉아 있지 못했다. 어르신의 몸이 굳은 이유는 간단하다. 수술 후 물리치료를 받고 몸을 움직여서 굳지 않도록 관리했어야 하는데 단순히 아프다는 이유로 물리치료를 거부했다. 움직이지 않은 채 가만히 누워 있던 몸은 일자로 굳어 버렸다. 아무리 통증이 있다고 해도 의사의 지시에 따라 움직이며 관리했다면 회복 후 일상생활이 가능했을 터다. 아프다는 이유로 방치된 몸은 제대로 움직여 주지 않아 조금만 움직여도 통증을 느낄 만큼 근육이 경직되어 버렸다. 그렇게 근육이 굳어버린 몸 안에 맑은 정신으로 갇혀버린 것이다.

　본인의 발로 화장실을 가기 위해 노력한 어르신처럼 제 몸 하나 가누지 못해 도움을 받는다는 것이 얼마나 불편할지 상상해 본 적 있나? 내 몸을 자유로이 움직이지 못하게 되는 순간 '나'는 '나의 몸'이라는 최악의 감옥에 갇혀 버린다. 손쉽게 하던 일조차 타인의 손을 빌어야 한다. 자유롭게 살다가 죽음을 맞을지, 남의 손에 모든 것이 좌지우지 되면서 죽을 날만 기다릴 것인지는 스스로의 노력에 달렸다.

　나이가 들면 통증과 귀찮음에 몸을 관리하기 힘들다. 몸의 상태가 나빠지는 것을 알고 있지만 관절의 통증, 귀찮음 등을 핑계로 움직이지 않게 된다. 치아가 약해져 고기를 잘 먹지 않는 사람들은 단백질 섭취가 부족해서 근육이 빠지기도 하고, 운동량이 적어 근력손실이 생기기도 한다. 근육이 빠지고 관절이 굳어버리게 되면 누워있는 것 밖에 할 수 없다. 정신은 말짱하지만 몸이 마음대로 움직이지 않게 되는 거다. 고작 귀찮음과 통증을 이유로 건강을 포기하기에는 놓아야 할 것이 너무 많다. 행복한 삶의 가장 기본적인 것을 유지하기 위해서는 운동이 필수다.

　최근 병원에서는 가벼운 통증을 호소하는 사람들에게는 운동을 처방하는 경우가 많다. 운동은 나이가 들어감에 따라 떨어지는 근력의 손실을 감소시킨다. 근력이 좋아지면 관절의 부담이 감소되어 관절의 통증을 줄일 수 있다. 근력 유지는 장기적으로 신체의 손상을 최소화 하고 현재의 기능을 유지시킨다. 그리고 가장 중요한 기능이 하나 더 있다. 바로 운동을 통한 충분한 산소 공급이 '뇌 건강'과 직결된다는 사실이다.

사람의 뇌는 몸에서 고작 2%정도를 차지하지만, 소비하는 산소량은 20%~25%정도다. 이는 몸속의 근육이 사용하는 산소량과 맞먹는 수치다. 산소가 부족하면 두통, 기억력 감퇴, 치매, 산소포화도 저하로 인한 뇌졸증 등이 발생할 수 있다. 운동을 통해 심장의 기능이 강해지면 뇌에 산소 공급이 줄어드는 것을 막아 뇌에 발생 할 수 있는 다양한 질병을 예방할 수 있다.

운동을 하려면 스스로의 건강상태를 정확히 알고 그에 맞는 운동을 선택해야 한다. 무리한 운동은 몸에 무리가 되어 신체에 손상을 가져올 수 있다. 자신의 몸 상태에 맞는 운동을 어떻게 찾아야 할까. 막연하게 운동을 해야 한다고 생각하면 쉽지 않다. 모든 사람이 그렇듯 운동은 귀찮고 힘들다. 정말 운동을 좋아하는 사람이 아니라면 젊은 사람도 몸매를 가꾸거나 다이어트를 위해 운동을 하는 정도일 뿐, 꾸준히 관리하는 것은 어렵다. 운동이 얼마나 중요한지 눈앞에서 보고 체험한 나만해도 운동의 필요성을 느끼지만 실천하기 힘든 일 중 하나다. 더욱이 나이가 들면 운동을 어떻게 해야 할지도 모르겠고, 운동을 하자니 익숙하지 않아서 어설프다. 그리고 운동을 한 번도 해보지 않은 사람은 내가 어떤 운동을 해야 할지도 모른다. 이런 생각은 다들 비슷하다. 중요한 것은 시작을 한다는 그 자체다.

가장 쉬운 운동은 걷기다. 옛부터 걷기는 운동으로서의 그 역사가 깊다. 고대 그리스 의학자 히포크라테스는 '걷는 것은 인간에게 최고의 보약이다.'고 했다. 지금도 걷기의 중요성은 많은 이들이 강조한다. 인터넷에서 '걷기'만 검색해도 다양한 정보가 나열되고 서점에서 '걷기'와 관련된 책을 검색하면 수십 권 넘는 책들이 쏟아진다. 그만큼 걷는 것은 우리 건강과 밀접한 연관이 있다. 걷는 것은 '돈이 없어서', '할 줄 몰라서' 라는 변명이 통하지 않는다.

하루 30분 이상 시간을 내서 걸어보자.

걷기는 특별한 기술 없이 일상생활에서 가장 손쉽게 할 수 있는 유산소 운동이다. 하지만 제대로 된 걸음걸이가 아니라면 오히려 충격으로 무릎이 상할 수 있다. 운동을 걷기로 시작한다면 올바르게 걷는 방법을 기억하고 나에게 맞는 걷기 방법을 찾는 것이 좋다.

올바르게 걷는 방법

– 걷는 동안 척추를 세워준다는 느낌으로 허리를 먼저 세웁니다.
– 눈은 정면을 응시하고 어깨와 가슴을 편 상태를 유지합니다.
– 걸을 때 뒷무릎을 쭉 폈다 자연스럽게 굽혀야 합니다.
– 팔은 몸을 스치면서 자연스럽게 움직이세요.
– 엉덩이를 뒤로 빼지 않고 가슴을 활짝 펴주세요.
– 양발은 11자가 되도록 유지하며 발뒤꿈치부터 발바닥, 엄지발가락 순으로 발전체를 땅에 누르듯

일주일에 3번 30분 이상 – 일주일에 5번 이상 50분 이상이 좋다고도 한다. – 운동을 위한 걷기는 약간 숨을 차게 걸어야 운동 효과가 좋다. 특별한 기술이 없어도 바른 자세의 걷기는 우리 몸의 가장 큰 근육인 허벅지 근육을 강화시키고 몸의 혈류를 빠르게 회전시킨다. 빠른 속도로 걷다가 천천히 걷는 것을 반복하면 지구력을 높여 준다. 특히 약간 숨이 차게 걷는 운동은 심장과 폐를 건강하게 만든다. 바른 자세로 걷는 것만으로도 충분한 운동이 되는 것이다.

걷기를 운동으로 결정했다면 중요한 준비물이 있다. 바로 운동화다. 신발의 중요성을 잊고 언제나 신던 신발을 신고 운동을 나가는 경우가 있는데 자칫 잘못하면 무릎이나 발에 큰 무리를 줄 수 있다. 운동을 할 때는 목적에 맞도록 운동화를 신도록 한다. 운동화를 신을 때에도 발이 불편하다면 추천하지 않는다. 운동을 위해 신는 운동화는 발에 긴장을 주지 않고 무릎이나 발에 충격을 감소시킬 수 있도록 충분한 쿠션이 되고, 조이는 곳 없이 편해야 한다.

걷는 것이 쉽다지만 무릎이나 허리의 통증이 있는 사람에게는 오래 걷는 것만큼 힘든 일도 없다. 그런 사람들은 물속에서 하는 운동에 도전해 볼 것을 권한다. 물속에서 하는 운동은 뛰어난 운동효과를 가진다. 어릴 적 물 속에서 조금만 놀아도 땅에서 뛰어 노는 것 보다 훨씬 힘들었던 경험은 누구나 가지고 있다. 공기보다 강한 물의 저항력 때문이다. 또한 부력으로 본인이 느끼는 몸무게를 약 90%로 가볍게 느끼게 되어 관절의 통증이 감소한다. 관절에 가해지는 압력이 약해진 동안 운동을 하게 되면 관절에 부담이 덜 되면서 근력을 강화시키고 관절의 기능을 향상시킬 수 있다. 관절에는 무리가 덜 가면서 저항력으로 인한 움직임의 제약은 근력강화에 도움을 준다. 물이 주는 감각으로 즐겁게 운동하는 것은 덤이다.

최근에는 각 지자체에서 운영하는 수영장에서 단순한 수영수업 이외에도 수중에어로빅과 같은 다양한 프로그램들을 제공하고 있다. 근처에 있는 수영장을 잘 찾지 못하겠다면 [KSWIM – http://kswim.co.kr/] 사이트를 참고하면 근처 수영장을 쉽게 확인 가능하다. 가장 가까운 지역에 있는 수영장을 방문해서 한번 도전해 보자.

가장 무리가 덜 가면서 운동의 효과가 좋은 걷기와 수영을 이야기했지만 이 두 가지 운동도 어렵다고 이야기 하는 사람이 있다.

무릎의 통증이나 허리 통증의 문제가 아니라 하지 근력이 약해지면서 걷는 것 자체를 어려워하는 경우다. 이런 분들의 공통점은 주로 침상에 누워서 생활한다. 가만히 누워 있다 보면 근력이 더 빠지고 움직이는 것은 더 힘들어 지는 악순환이 계속되어 결국 걷는 것이 더 힘들어진다. 그렇다고 운동을 하지 않는다면 건강은 더 나빠질 뿐이다.

의지만 있다면 침대에 누워서도 충분한 운동을 할 수 있다. 누운 채로 다리를 높이 들었다가 바닥에 닿지 않도록 내리는 것을 반복하거나, 자전거 타기 등 다리를 사용하는 운동을 꾸준히 하면 근력을 강화시킬 수 있다. 여기서 중요한 것은 많이 움직여서 관절과 근육이 굳지 않도록 하는 것이다. 운동이라는 단어가 거창하게 들릴지도 모르지만, 운동은 내 몸이 평소 활동하는 범위를 넘어서서 신체를 강화시키는 것이다. 가만히 있던 사람이라면 팔다리를 움직이면서 활동량을 늘이는 것부터가 운동이라고 할 수 있다.

아무리 운동의 중요성을 이야기 한다고 해도 듣는 사람이 실행에 옮기지 않으면 소용없다. 운동의 중요성에 공감했다면 이제 내게 맞는 운동을 찾아보자.

움직이기 어렵다면 먼저 몸의 기능을 정상화시키기 위해 근력을 강화시키는 운동부터 시작하고, 움직이는 것에 어려움이 없다면 다양한 운동에 도전해 보자.

무언가를 시작할 때 언제나 거창한 목표를 잡는다. 그리고 3일도 안되어서 포기한다. 운동을 꾸준히 하려면 거창한 목표가 아닌 작은 목표가 중요하다. 운동을 제대로 하지 않아도 좋다.

예를 들어 일주일에 3번 걷기를 목표로 했다면 먼저 잡는 목표는 일주일에 3번을 한 번도 빠지지 않고 나가는 것으로 잡는다. 집 안에만 있던 사람이라면 밖에 나가서 한 바퀴 돌고 오는 것도 운동이라 할 수 있다. 밖에 나가는 것에 익숙해지면 걷는 시간을 천천히 늘린다. 시간을 정해 놓고 걷는 것도 좋지만 동네 어디까지 가보기라던가, 음악을 들으면서 이 음악이 끝날 때까지 걷기 등, 소소한 목표를 만들어 놓고 하나씩 도달하다 보면 운동에 재미를 붙이기 쉬워진다.

활동성을 늘리고 운동을 하게 되었다면 선택한 운동을 가지고 하나의 목표를 만들어 보는 것은 어떨까? 마라톤이나 탁구 승률 높이기 등 뚜렷한 목표를 가지고 내가 선택한 운동에 취미를 붙이길 권한다. 거창한 것을 목표로 하지 않아도 된다. 달리기를 선택했다면 '100M에 몇 초를 달려 보겠다.', 자전거 타기를 선택했다면 '어디서 어디까지 자전거를 타고 가보겠다.', 탁구를 선택했다면 '몇 명을 이겨보겠다.' 등 자신만의 목표를 만들면 된다. 작은 목표 하나하나를 넘어서면서 느끼는 성취감은 운동을 통한 긍정적 에너지와 건강을 한꺼번에 잡게 해 준다.

어떤 일이든지 10년을 하면 전문가가 된다고 말한다. 운동도 마찬가지다. 나이가 들어감에 따라 노쇠 하는 몸을 건사하기 위해 강요된 운동을 하는 것이 아니다. 운동을 하는 것은 지금의 건강을 유지하고 자유로운 삶을 끝까지 지키기 위함이다. 무슨 일이든 처음이 어렵다. 너무 어렵게 생각하면 아무것도 할 수 없다. 가볍게 시작해서 꾸준히 이어나가는 노력이 필요하다. 내가 선택한 운동으로 지속적인 건강관리를 하게 되면 운동을 더 잘하기 위해서 몸을 관찰하게 된다. 그만큼 스스로의 몸에 대해 잘 알게 되고 몸의 이상도 기민하게 알 수 있다.

지금 이 글을 읽는 중에도 '나는 나이가 많은데.'라고 생각하는 사람도 있을 거다. 하지만 지금 현재가 내 인생에서 가장 건강한 순간이다. 이미 지나간 시간을 후회하기에는 다가올 시간들이 더 소중하다.

지금의 이 건강을 유지하는 것이야 말로 미래의 나에게 당당히 '건강을 지켰다.'고 이야기 할 수 있는 가장 큰 선물이다.

TIP

밖에 나가기 어려울 경우 집안에서 운동을 하는 방법도 많이 있다. 유튜브가 생기면서 다양한 운동관련 동영상이 많이 올라온다. '스트레칭', '초보자 요가', '가벼운 홈트레이닝', '몸풀기 체조', '가벼운 운동' 등으로 검색하면 다양한 운동방법들이 쏟아진다. 근력이 약하고 움직임이 불편하다면 '낙상예방운동', '시니어 운동', '생활건강체조' 등으로 검색해서 가볍고 쉽게 따라할 수 있는 아주 기초적인 운동도 찾을 수 있다. 영상을 보며 몸을 움직이는 것부터 시작해 보자. 운동은 힘들게 땀을 흘리면서 하는 거라는 선입견을 버리고 내 몸을 움직이게 만들어 활동성을 높이는 것이라는 가벼운 생각으로 시작하는 것이 중요하다.

구르는 돌에 이끼가 끼지 않는다

나이가 들면 기억력이 약해진다. 건망증이 생기기도 하고 어떤 이들은 '치매'에 걸리기도 한다. 단명하던 과거에는 고령의 노인이 치매와 같은 증상을 보이는 것을 보고 '노망 들었다.' 표현했다. '치매'를 단순히 나이가 들면 생길 수 있는 기억의 문제라 여긴 것이다. 하지만 의학이 발달한 현대 사회에서는 '치매'가 뇌가 앓는 '병'이라는 것을 밝혀냈다.

깜빡하고 잊어버리는 건망증에도 치매가 아닐까 걱정하는 사람들이 많다. 기억을 잃어버린다는 사실이 공포의 근원이다. 경제적이나 사회적으로 문제를 발생시킬 수 있다는 객관적 자료를 굳이 가져오지 않아도, 기억을 잃어감으로 인해 잃어버릴 것들은 생각해 본다면 '기억'의 소실은 '인간존엄'을 위협하는 가장 큰 적이다.

치매에 대한 연구는 전 세계적으로 많은 곳에서 이루어지고 있다. 그러나 아직까지 과학자들에게 사람의 몸은 연구의 대상이자 미지의 세상이다. 그 중에서 '뇌'는 가장 많은 연구가 진행되고 있음에도 아직 많은 것을 알아내지 못했다.

2003년 국내에 번역 출간된 데이비드 스노든 박사의 『우아한 노년』 *Aging with Grace*는 뇌손상에 대한 장기적인 연구 내용을 적고 있다. 이타적인 678명 수녀들에 대한 진료기록과 개인 내력, 사후 자신들의 뇌를 부검하여 연구에 사용할 수 있도록 한 수녀연구에 대한 이야기와 '뇌'를 어떻게 관리해야 하는지에 대한 설명이 함께 적혀 있다.

이 책에 따르면 현재까지 알츠하이머 진행에 대한 가장 유력한 가설은 아래와 같다.

노폐물 발생
(브라크, 섬유농축제 등)

뇌세포 파괴로 인한
기억력 감퇴

뇌세포
신호전달체계 파괴

영양공급 중단으로
뇌세포 파괴

신호전달체계 파괴로
영양공급 중단

어떠한 이유로 뇌에 베타-아밀로이드라는 단백질이 뭉친 브라크, 섬유농축제 등의 노폐물이 뇌에 쌓인다고 한다. 이것으로 인해 신호전달체계가 파괴되어 영양을 공급받지 못한 뇌세포가 일찍 죽게 된다.

뇌세포가 죽으면서 뇌는 줄어들게 되고 이로 인해 기억력이 떨어지게 되는 것이다. 뇌 속에 자리 잡게 되는 노폐물에 대해서는 어떠한 경위로 이러한 현상이 나타나는지 정확히 밝혀진 바 없다고 한다.

1991년 독일의 학자 하이코 브라크와 에바 브라크가 섬유농축제의 위치를 가지고 알츠하이머병을 6단계로 나누어 정의할 수 있는 방법에 관한 연구를 발표했다. 이 연구에서 섬유농축제의 증가와 분포에 따라 총 6단계로 상태를 구분했는데 0단계는 섬유농축제가 없거나 아주 드문 경우를 의미했다. 이 기준으로 수녀연구에 참여한 수녀님 중 네 분에 대한 뇌 상태 비교가 설명되어 있는데, 이는 우리가 어떻게 뇌를 사용해야 하는지 잘 말해준다.

마리아, 마거릿, 버나뎃, 로즈 수녀님의 브라크 진행단계를 보면, 생존 당시 인지검사를 한 내용과 뇌의 브라크 진행단계에서 흥미로운 결과나 나온다. 임종 전 정상적인 인지 상태를 보

였던 로즈 수녀는 예상과 같이 뇌 역시 건강한 상태였다. 치매 증상이 심했던 마거릿 수녀 역시 학자들의 예상대로 브라크 5단 계로 심각한 뇌의 침윤상태가 확인되었으나 마리아 수녀와 버 나뎃수녀는 예상하지 못한 결과가 나왔다.

마거릿 수녀와 비슷한 수준의 인지저하를 보였던 마리아 수 녀는 실제로는 브라크 2단계로 뇌가 심하게 손상된 상태는 아 니었다. 이와 반대로 버나뎃 수녀는 임종 직전까지 뛰어난 인지 기능을 보였으나 부검 결과 브라크 6단계로 앞의 3명보다 더 심 한 뇌 손상 상태를 보였다.

대상자	브라크 예상단계	브라크 실제단계
Sr. 로즈	정상(0단계)	정상(0단계)
Sr. 마거릿	5단계 or 6단계	5단계
Sr. 마리아	5단계 or 6단계	2단계
Sr. 버나뎃	정상(0단계)	6단계

뇌가 많이 손상되지 않았음에도 심각한 인지 저하를 보인 마거릿 수녀와 많은 뇌 손상에도 불구하고 인지 저하가 관찰되지 않은 버나뎃 수녀. 이 두 사람의 차이가 바로 우리가 무엇을 해야 하는지 잘 말해주고 있다.

'치매'라는 병을 이유로 들기 이전에 기억력이 저하되면 생활에 불편함을 느끼게 된다. 기억력 저하로 인해 '나이가 들어서'라는 이유로 자존감이 떨어지거나 우울감이 올 수도 있다. 기억력 저하가 가져올 수 있는 수많은 부정적 영향으로부터 '나'를 보호하기 위해서는 무엇이 필요할까. 책에서 연구진들은 성인이 되어서도 지속적인 지적 자극을 받는 것이 노화되는 뇌를 예리하게 유지하고 알츠하이머를 예방하는 중요한 열쇠라고 생각했다.

지적 자극이 노화 예방의 유일한 예방방법은 아니지만 뇌를 단련시킴으로써 인지력을 강화하면 예방의 효과를 볼 수 있다고 여겼다. 지적 자극으로 만들어진 정보 전달 구조는 뇌에서 자기주장을 펼치고 있는 노폐물들 사이에서도 기능을 충실히 유지한다는 연구결과에 따른 판단이다.

치매를 예방하고 기억력을 유지시키는 것은 나이를 먹어감에 따라 누구나 원하는 일이다. 굳이 치매가 아니더라도 나이가 들면서 깜빡하는 건망증에 불편함을 호소하는 사람들도 많다. 나이가 들어도 뇌의 기능을 유지시키기 위해 무엇을 해야 할까. 우리의 몸은 나이가 들수록 몸의 유연성이 감소하고 근력이 줄어든다. 몸의 건강은 운동을 통해 근력을 강화하고 유연성을 유지할 수 있다.

운동으로 많은 병을 예방한다. 운동으로 건강함을 유지할 수 있다면 뇌 역시 가능하지 않을까? 뇌를 운동한다는 말이 낯설게 느껴질 것이다. 두부 같이 물렁한 머릿속 뇌를 꺼내 달리기를 시킬 수 있는 것도 아니고 물속에 넣어 수영을 시킬 것도 아닌데 운동을 시키라니, 뜬구름 잡는 소리로 들릴 수도 있다. 팔다리가 없는 뇌를 운동하는 것도 일반적인 운동과 다를 게 없다. 사용하지 않는 부위를 사용하여 근육을 키워 에너지를 비축하듯 사용하지 않는 뇌 부위를 열심히 사용하는 것이다.

뇌의 기능을 강화시켜 인지력을 키우는 것에는 여러 가지 방법이 있겠지만, 가장 큰 부분을 차지하고 일상 속에서 손쉽게 할 수 있는 것은 바로 '학습'이다. 무언가를 배운다는 사실에 거부감부터 드는 사람도 많을 것이다. 나이가 들어서 배운다는 것에 부담을 가지는 사람도 있고, 글만 읽을 줄 알면 되지 자식들한테 남겨줄 것도 아닌데 해서 뭐하냐고 말하는 사람도 있을 거다. 혹자는 숫자를 계산하거나 머리를 많이 쓰는 직업인데, 공부를 또 해야 하냐고 할 수도 있다.

인간의 머리는 신기하게도 자신이 익숙한 일에 대해서는 늘 사용하던 부분만 사용한다. 머리를 많이 쓰는 직업을 가지고 있어도 뇌는 늘 사용하던 부분만 사용하게 된다. 그 외의 뇌 신경 세포에 계속적인 자극이 주어지지 않으면 사용되지 않는 뇌세포는 필요 없다고 인식하여 죽어버린다. 노폐물이 쌓이는 것 이상으로 뇌에 치명적이다. 어려운 일을 하는 직업을 가진 사람도 학습이 필요한 이유다.

현대사회는 새로 만들어지는 것들이 많은 만큼 늘 새롭게 배울 수 있는 것이 많다. 노력만 하면 새로운 정보를 끊임없이 학습할 수 있다. 하지만 대부분의 사람들이 익히기 어렵다는 이유로 공부할 기회를 날려 버린다. 하나를 가르쳐 주면 하나를 잊고, 열을 가르쳐 주면 하나만 기억한다는 어른들의 우스갯소리는 나이가 들어서 무언가를 배우는 것이 얼마나 힘든지 잘 말해 준다.

분명 나이가 어린 사람보다 느릴 수 있다. 하지만 그렇다고 해서 완전히 배울 수 없는 것도 아니다. 힘들어도 분명 익히는 것이 가능하다. 힘들게 새로운 것을 익히면 일하지 않고 시들어 있던 세포들은 열심히 일을 해야 한다. 내가 사용하지 않던 부분이 활성화되면 뇌는 그만큼 활동성이 높아진다. 우리가 건강하면 병에 대한 면역력이 높은 것과 같이 학습을 통해 뇌세포가 활성화되면 손상으로 인해 진행되는 인지저하에서 견디는 힘이 강해진다.

그렇다면 무엇을 어떻게 학습하는 것이 좋을까?

학습이라는 말에 너무 거창하게 생각하지 않아도 된다. 학습은 말 그대로 무언가를 배우고 익히는 것이다. 배움이 꼭 학생들이 공부하듯 앉아서 공부하는 것만을 의미하는 것은 아니다.

뇌를 다양하게 사용하기 위해서는 먼저 뇌에 좋은 자극이 갈 수 있는 활동이 좋다. 나이가 들면 일상의 일들은 머릿속에 많이 남지 않게 된다. 틀에 박힌 일상생활은 더 이상 기억해야 할 무엇이 아니기 때문에 아무것도 기억에 남지 않게 되는 것이다. 머릿속에 그려진 지도 속에서 새로운 무언가를 그려내기에 가장 좋은 방법은 새로운 공간에 자신을 가져다 놓는 것이다. 알지 못하던 공간, 처음 경험해 보는 일상은 익숙한 공간을 벗어난다는 긴장감과 함께 새롭게 받아들이는 정보는 뇌에 새로운 자극을 준다. 여기서 새로운 공간이란 우리가 가보지 못한 곳을 말한다.

가장 대표적인 것이 '여행'이다.

공부에서 갑자기 여행이라는 단어가 나오면 연결하기 힘들다. 뇌의 건강을 유지하기 위해 무언가를 배운다는 전제를 둔다면 '여행'만큼 새로운 것을 배우는 활동도 없다. 사실 여행 자체는 뇌가 학습하는 것보다 새로운 경험에 더 치중해 있다. 여기서 말하는 '학습'은 여행을 가기 위해 준비하는 과정이다. 여행은 많은 것이 필요한 종합 활동으로 장기적인 여행 준비를 해볼 것을 권한다.

어느 곳을 가도 좋다.

국내여행이든 해외여행이든 모든 것을 직접 준비해 보자. 해외 출장을 자주 다녀왔거나 계모임에서 가이드 여행을 가던 것과는 전혀 다른 여행이다. 모든 것을 스스로 찾아서 정해야 하는 여행은 막중한 책임감이 생기게 된다. 자녀의 도움도, 여행사의 도움도 없이 순수하게 자신의 손으로 정보를 알아보고 연락을 하고 일정을 짜보는 것이 핵심이다. 이해하기 쉽게 예를 들어 보겠다.

생각해 보자. 해외여행을 부부, 혹은 홀로 간다면 무엇을 준비해야 할까. 아무것도 모르니 정보를 알아보기 위해서 컴퓨터를 해야 한다.

날씨가 제일 좋은 계절, 관광 명소, 특별한 체험 장소, 가진 예산으로 예약이 가능한 숙박 시설, 관광지의 동선 등등 많은 것을 확인해야 한다. 방문한 나라에서 인사라도 하려면 여행가는 나라의 말도 공부하는 성의가 필요하다. 말도 통하지 않는 나라에서 어설픈 말로 음식을 주문할 생각하면 아찔하다. 미리 대비하기 위해 핸드폰의 번역 앱을 사용하는 방법도 숙지해야 한다. 해외여행은 아무리 준비해도 모자라지 않는 여행이다. 예상하지 못한 일이 발생 했을 때, 어떻게 해야 하는지에도 알아놓아야 한다. 걱정은 쌓이고 여행날짜는 다가오고, 아무것도 없이 자유여행을 준비하는 일은 험난함, 그 자체다.

평생 해본 적 없는 '자유여행'이라는 하나의 목표는 많은 것을 배우게 한다. 해외여행 준비가 너무 거창한 게 아니냐 말하겠지만, 자꾸 잊어버리는 머리는 실제로 사용해야 한다는 압박감에 필사적으로 공부하게 된다. - 해외에서 돌아오지 못하게 될까 봐 더 긴장하는 것도 한 몫 한다. 하나의 목적을 가지고 다양한 방법을 통해 학습을 하게 되는 과정을 거치는 것은 전혀 사용하지 않은 뇌에게 빨리 일하라고 압박을 주는 것과 같다. 그리고 이런 방법으로 여행을 마치고 돌아오면 그만큼 자신감도 붙는다.

나이가 들어도 무언가 도전하는 것이 어렵지 않다는 자신감은 다른 '학습'에도 영향을 끼칠 수 있다. 사소한 것 같지만 자신감은 무언가를 배울 때 더 이상 '나이가 들어서 힘들다.'는 말을 하지 않게 만든다.

위에서 제시한 여행은 도전에 대한 두려움을 없애기 위한 일종의 충격요법으로 제시한 것이다. 건강이 좋지 않아서, 개인적인 사정 등으로 여행이 어렵다면 다른 방법도 많이 있다. 어른에게 필요한 '학습'은 무언가를 외우고 수학 문제를 풀어보는 것이 아닌 내가 잘 사용하지 않는 기능을 사용하는 것이다.

건강한 뇌를 유지하기 위한 연구는 여러 가지 부분에서 많이 진행되어 있다. 이 연구들의 핵심은 무언가 활동을 하면서 반드시 머릿속에서 생각을 해야 한다는 것이다.

- 외국어 배우기
- 책(고전), 신문 독서 후 글쓰기
- 영화 보러 가기, 박물관 감상, 전시회 감상 후 감상문 쓰기
- 뜨개질, 악기 연주 등 취미 활동

일반적으로 잘 알려지다시피 손은 제 2의 뇌다. 손을 사용하는 것은 뇌 건강에 직접적인 영향을 미친다. 손을 사용하면 감각적인 부분이 뇌에 전달되고 그 정보를 바탕으로 어떻게 해야

할지 판단하는 인지기능이 따라온다. 피아노 치기를 예로 들자면 눈으로 악보를 보고 손으로 피아노를 치면 아무것도 없던 공간에 음악이 생기고 음악은 귀를 자극한다.

시각, 청각, 촉각이 동시에 자극된다. 이러한 과정을 통해 뇌는 활성화 되고 세포는 자극을 통해 퇴행과 노화속도가 감소하게 된다. 손을 사용한다고 해서 단순하게 손만 움직이는 것을 의미하지 않는다.

중요한 것은 '생각'이다.

종이에 색칠을 하거나 뜨개질을 할 때 기계적으로 하게 되는 경우가 있다. 그저 손 가는대로 내버려 두는 것이다. 이러한 방식은 머릿속에 기억된 대로 따라 하는 것이기 때문에 새로운 것을 배운다는 의미가 약하다. 무엇을 하던 자신이 하고 있는 것에 대해서 생각을 하고 그 생각대로 손을 움직이는 것이 중요하다.

나이가 들면 기억력이 조금씩 감퇴한다. 나이가 드는 것도 억울한데 100세 시대를 살면서 60대부터 기억력이 감퇴한다고 생각한다면 너무 끔찍하지 않나. 학습의 필요성을 말하기 위해 '치매'에 대해 장황하게 설명하며 강조했지만, 결론은 계속해서 뇌가 열심히 활동할 수 있도록 오감을 자극하는 새로운 것을 배우자는 거다.

나이가 들고 갑자기 할 일이 사라진 사람들이 무기력해지는 경우는 흔하다. 남은 긴 시간을 어떻게 보내야 할지 몰라 허송세월하면서 스스로를 낭비한다. 하지만 무언가를 배운다면 당연히 사회 활동도 많아지게 되고, 많은 사회 활동은 건강한 생활을 유지하게 만드는 원동력이 된다.

현대사회는 빠르게 변한다. 변해가는 것을 따라가기 너무 힘들다고 이야기 하는 사람도 있겠지만, 변화는 끊임없이 새로운 것을 배우도록 요구한다.

나이가 들면서 새로운 것을 익히기 어려웠던 과거와 달리 우리 주변에는 얼마든지 새로운 경험을 할 수 있는 것들이 널려 있다. 다양한 경험을 할 수 있는 세상에 살면서 새로운 것을 끊임없이 익히면 새로운 세상을 볼 수 있다. 무언가를 새롭게 배워야 하게 되면 그만큼 외부 활동을 하게 되고 나이가 들면서 줄어들게 되는 사회 연결망 역시 다양성을 띄게 된다. 인터넷을 배워서 SNS를 하게 된다던지, 독서 모임 같은 곳을 나가 교류하는 것은 새로운 활동 범위를 만들어 준다. 집에만 있는 일상에 변화를 가져오는 것이다. 이렇듯 '배움'을 통한 다양한 만남은 넓은 인간관계를 형성하게 만든다. 새롭게 만든 관계는 긍정적 에너지를 받고 삶에 대한 자신감과 의지를 높인다.

단순히 뇌의 인지력을 강화하는 것이 아니라 새로운 세상에 대한 배움은 지루해지는 삶을 즐겁게 만들고 그만큼 삶이 풍요로워 진다. 손자 손녀와 소통하고 싶지만 세상이 너무도 빨리 변해 적응하지 못하면 아이들을 이해하기 어렵다. 아는 것이 없으니 모르쇠가 되어버린다. 새로운 것을 배우고 변하는 세상을 알아가는 만큼 손자, 손녀와 공감대를 만들어 갈 수 있다.

우리는 과거에 비해 약 2배 가까운 시간을 살아가고 있다. 너무 길어져 버린 시간에 나이가 들면 어떻게 해야 할지 모르겠다고 하소연 하는 사람들이 많다. 무엇을 해야 할지 몰라서 아무것도 하지 않은 채 흘러가는 시간에 묻히면 결국 무기력해져버린다. 무기력은 우울을 불러오고 우울감은 결국 정신을 망가뜨리게 된다.

시간을 어떻게 보낼지 모른다는 이유 하나로 뇌기능 감퇴라는 적에게 함락당해 무기력한 노년을 보내기는 아깝다. '이 나이 들어서 뭘 해.'가 아니다. 나이가 들면 놀러 다니면서 쉴 거라는 건 전부 옛날 말이다.

90세에 죽는다고 쳐도 60세에 퇴직을 하면 무려 30년의 시간이 남아 있다. 30년 동안 놀러만 다닐 수는 없다. 남은 시간은 오롯이 나의 시간이다. 이 시간을 어떻게 활용할지는 자신에게 달렸다. 60세부터 무언가를 배우기 시작한다면 70대가 되면 전문가가 되기 위해 필요하다는 '10년의 시간'을 충족한다.

시간과 삶에 쫓겨 하고 싶은 일을 하지 못한 채 누군가의 아버지로, 누군가의 어머니로, 혹은 누군가의 자녀로 산다고 하지 못한 일을 할 수 있는 기회다.

배움은 언제나 늦지 않다.

'치매 예방을 위해 배워야 한다.', '뇌 건강을 위해 꼭 해야 하는 일이다.'라는 건 필요를 강조하기 위한 말일 뿐이다. 모든 활동들은 건강한 삶을 유지하게 만드는 강력한 지원군이다.

건강하고 맑은 정신의 나를 스스로 지킬 기회를 포기하지 말자. 나이가 들어서라는 핑계가 아닌 그 잊힘조차 즐겁게 받아들이는 것은 스스로의 자세다.

겸허한 마음으로 조급해 하지 말고 잊더라도 새로운 것을 끊임없이 받아들이고 노력하는 자세가 필요하다. 익힘의 즐거움을 알고 배움에서 행복을 느끼는 것, 제 2의 삶이라 불리는 노년을 풍요롭게 만들 중요한 열쇠다.

효도는 펀드

펀드는 대박보다 쪽박이 많다고들 한다. 위험성이 높을수록 수익이 높을 거라는 속삭임에 혹해서 투자했다가 투자금 전체를 날리는 경우도 있다.

아무리 많은 정보를 가지고 투자한다 해도 수많은 변수가 존재하기 때문에 펀드의 수익률은 예상과 전혀 다른 결과를 보일 수 있다. 자녀가 부모에게 효도하는 것이 지극히 당연하다고 생각하는 사람에게는 발칙하게 들릴 말이지만, 효도는 펀드와 같다.

어떤 결과가 나올지 장담할 수 없는 펀드.
효도로 돌려받을지 모르는 내리사랑.

사람들은 효도가 사람으로서 해야 할 도리라 하지만 부모가 자녀 사랑하듯 효도하는 사람은 흔하지 않다. 부모를 지극히 모시는 자녀가 사람들 사이에서 회자되는 이유다. 부모가 자녀에게 주는 내리사랑은 당연하게 받아들여져도 자녀가 부모를 모시는 치사랑이라는 말은 없다. 정말, 효도가 뭘까?

'효도'는 부모의 내리사랑만큼 간단히 정의하기 어렵다. 내리사랑은 생물학적으로도 과학적 입증이 보고되었다. 프로그래밍된 기계 같이 사람의 머릿속에는 자식을 아끼고 사랑하도록 되어 있다. 부모는 자신의 피를 이은 자녀에 대한 사랑으로 지극히 자식을 돌본다. 자녀는 부모의 사랑 속에 자라서 독립을 하고 가정을 일군다. 자식에게 하나라도 더 해주고 싶어 하는 부모의 내리사랑과 달리 자녀가 부모를 섬기는 '효'는 어디쯤 있는가에 대해서는 쉽게 말하기 어렵다.

요양원에 있다 보면 정말 다양한 가족들을 만나게 된다. 각각의 가족들마다 각자의 사연을 가지고 그 사연을 풀어나가는 방식 역시 다르다. 그 모습을 보다보면 부모 자식 관계에 대해 진지하게 생각하게 되는 일들이 종종 발생한다. 부모의 역할을 온전히 한 사람, 부모가 맞는지 의심이 되는 사람, 자녀에게 너무 욕심을 낸 사람 등등 수많은 사람들이 있다. 단순히 보면 부모의 역할을 못했으니 효도를 못 받을 거고, 자녀를 지극히 사랑했으니 효도를 받을 거라 생각되지만, 사람의 삶이라는 건 그렇게 단순하지 않다.

요양원에서 유독 눈에 띄는 가족이 있었다. 아들 부부는 치매 증상이 심해서 자녀도 잘 알아보지 못하고 제대로 거동도 하지 못하는 어르신을 살뜰히 챙겼다. 매주 면회를 오면 미음 밖에 드시지 못하는 어르신의 식사를 직접 챙기고, 휠체어에 잘 앉지 못하는 어르신을 모시고 넓은 산책로를 걸었다. 자녀는 요양원에서 추석맞이 전 굽는 행사를 하는 것에 사용하라며 전기프라이팬을 기부하기도 했다. 시설에서는 어르신께서 전을 드시지도 못하는데, 기부를 받기에 미안하다고 거절했지만, 흥겨운 분위기를 함께 보내는 것만으로도 충분하다는 말로 떠넘기듯 기부했다. 어머니가 불편한 점이 없는지 담당 선생님과 이야기하고 늘 확인하는 모습은 보는 사람을 흐뭇하게 만들었다.

"자녀분이 굉장히 효자신거 같아요."
"어르신도 생전에 자녀분한테 잘하셨으니까. 서로 주고받는 거지. 며느리 4년제 대학을 졸업시켰다고 하더라. 집이 부자라도 쉬운 게 아니잖아."

무언가를 받았기 때문에 해주는 거라는 식으로 말하는 선생님의 말에 나는 고개를 저었다. 받은 것을 되돌려 주는 것만큼 어려운 것이 없다. 그것을 실천하는 며느리가 대단해 보였다.

"그렇게 받아도 안하는 사람 많잖아요. 어르신 복이죠."

비록 집에서 어른을 모시지는 못하지만 자주 방문해서 잘 지내시는지 확인하고 사소한 부분도 신경을 쓰는 모습은 나는 부모님께 잘 하고 있는지 생각하게 만들었다.

좋은 모습은 이렇게 다른 사람에게도 선한 영향을 준다. 아무 것도 모르는 사람이 본다면 칭찬을 받아 마땅하지만 그 안의 사정을 듣고 나면 절로 혀를 차게 되는 일이 정말 좋은 모습이라 할 수 있을까.

평범하게 시작한 입소 상담이었다. 시설에 오시기 전에 어르신이 어떻게 사셨는지, 염두해 둬야할 일이 있는지를 알기 위한 상담이었다. 대체로 30~40분가량 시간이 소요되지만, 그날의 상

담은 유독 길었다. 아드님은 시설에 아버지를 모시면서 입소상
담 중에 구구절절 힘들었던 이야기를 풀었다. 누구에게서 털어
놓지 못했던 이야기가 눈물과 함께 켜켜이 쌓여 있던 감정들이
폭포수 같이 쏟아졌다.

여기 한 사람이 있다. 젊은 날 어린 자녀들과 배우자를 버리
고 다른 여성과 살림을 차렸다. 아무것도 해결되지 않은 채 집
을 나가버린 아버지, 그렇게 가족들과 일방적으로 소식이 끊어
졌고 아들은 홀어머니 아래서 힘든 시간을 보내며 아버지 없이
성인이 되었다. 성인이 된 아들은 서울에서 작은 고시원에 자리
를 잡고 적은 월급이지만 회사를 다니며 미래를 준비했다. 어려
워도 미래를 그리며 열심히 일하던 어느 날 경찰에서 연락이 왔
다.

"이 사람이 당신 아버지입니까?"

잊고 있던 아버지는 그렇게 가족에게로 돌아왔다. 그러나 아
무도 받아 주지 않았다. 어머니는 이미 남이라고 선언했고, 형
은 자신을 버린 아버지를 부정했다. 연락을 받은 동생은 아버지
를 외면할 수 없어 결국 본인이 책임지게 되었다. 말없이 집 나

간 아버지는 주민등록번호도 말소되고 뇌졸중으로 쓰러진 상태
였다. 착한 아들은 차마 외면할 수 없었다. 그래도 아버지인데,
형이 아버지를 외면했다는 말에 차마 그럴 수 없었다고 했다.
적은 월급은 모두 아버지의 병원비로 들어갔고, 시간을 쪼개어
쫓아다니며 주민등록번호를 복구시켰다. 힘들게 아버지를 건사
했지만 돌아오는 것은 아무것도 없었고, 무심한 아비는 그것을
당연히 여겼다.

무거운 감정을 털어 놓는 아드님에게 내가 할 수 있는 건 휴
지를 건네는 것이 전부였다. 제대로 된 부모역할도 하지 않은
아버지를 책임지게 된 그는 체념한 듯 말했다.

"이복동생이 있지만 그쪽에서는 책임질 생각이 없다고 하니
제가 해야죠."

타지에서 장사를 한다는 아들은 '잘 부탁드립니다.' 인사하고
요양원을 나섰다. 울고 난 뒤에 속 시원해 보이는 아들의 뒷모
습이 기억에 남는다. 그렇게 아들에게서 들은 어르신의 과거사
가 잊혀 질 쯤, 사례회의 대상자로 선정된 어르신에 대해 담당
간호사와 이야기를 나누던 중 생각지도 못한 이야기를 들었다.

"아들이 착하면 뭐해요. 어르신 진짜 이기적인데, 시간을 돌려서 집을 나가던 때로 돌아가면 어떻게 하실 거예요, 라고 물으니 대답이 뭔지 아세요? 그래도 집을 나가신답니다."

"아드님 이렇게 고생하게 하신 분이 그런 소리를 하세요?"

"그러니까요. 자기 인생인데, 자식이 무슨 상관이냐고 하시던데요? 내 인생 즐기면서 살아야지 왜 그런 걸 따지냐고."

아드님이 무슨 죄냐고 말하며 고개를 흔드는 간호사 선생님의 말에 나도 모르게 한숨이 나왔다. '그래도 자식이니 책임을 다해야 하지 않겠냐'는 저 말을 아들이 들으면 어떤 얼굴을 할까. 자식에게 베푼 것 없이 받기만 하려는 어르신의 행동에 나도 모르게 혀가 차졌다. 자식에게 정말 미안하지 않으신 건가. 기본적인 책임조차 지지 않았음에도 자녀에게 받고자 하는 것이 일반적인 일일까? 알 수 없다.

이런 어른들과 달리 본인은 치매로 모든 걸 잊어버리고 오매불망 자녀만 기다리는 어른도 있다. 잘 웃으시고 다른 어르신과도 큰 마찰 없이 잘 지내는 분으로 가끔 내가 장난을 치기도 했다.

"묵주 예쁘네요. 어르신 이거 저 주시면 안 돼요?"

어르신이 팔에 하고 있는 묵주가 예뻐서 슬쩍 장난을 걸었다. 매우 아끼는 물건으로 알고 있었기 때문에, 그저 장난삼아 말을 건 것뿐이었다. 내 말에 손에 들고 있던 다른 묵주를 쑥 내밀었다.

"이거."
"아니 이거 말고 팔에 하고 있는 거요. 이거 저 주세요."

팔목을 가리시면서 단호하게 대답했다.

"안 돼!"
"진짜 안 돼요?"
"이건 우리 며느리가 준거야!"

장난치고 있다는 것을 알고 웃으면서도 매섭게 내 손을 때렸다. 꼬집기로는 둘째가라면 서러울 정도로 매서운 손맛을 가진 분이신지라 나는 순순히 손을 들고 물러났다.

"선물 준 거면 할 수 없죠. 며느님이 준거라니, 어르신, 며느님이 그렇게 좋으세요?"

"우리 며느리 좋아. 착해, 제일 좋아."

"아드님보다요?"

"우리 며느리가 최고야."

박수까지 쳐가면서 며느리 자랑을 하는 모습에 의아함이 들었다. 휴무도 있고 야간근무도 있어서 하루 24시간을 요양원에 있는 건 아니지만, 그렇다 해도 어르신의 보호자를 본 기억이 없다. 보호자가 다녀가서 간식을 사두었다는 말도 들어본 기억이 없다. 그런데 왜 저렇게 며느리 자랑을 하시는 거지? 내 의문은 요양원에서 오래 동안 일하신 요양보호사 선생님의 설명에 금방 해결되었다.

"며느리를 엄청 고생시켰는데."

"시집살림을 시켰나 봐요."

"어르신 성격 봐. 지금은 치매 때문에 이래도 허허, 저래도 허허, 하지만 한 번씩 화나시면 엄청나잖아. 그 성격으로 며느리를 잡은 거지. 저 분 입소하실 때 자녀분들이 고개를 절래절래 흔들더라고. 며느리는 학을 뗐고."

"보호자 분들 잘 안 오시죠?"

"아주 가끔 아들은 오기는 하는데, 며느리는 안 오지."

"그래도 며느리는 최고라던데요?"

"시집살림 시키면서 본인 손발 되어준 사람이니 최고겠지. 본인은 시킨 입장이니 다 잊어버리고 좋았던 것만 기억하는 거고. 며느리 입장이 되어봐. 좋겠어? 뿌린 게 없으니 거둘게 없지."

며느리만 기다리신다고 이야기하시는 선생님의 말에 어르신이 새롭게 보였다. 대체 어떻게 시집살림을 시켰으면 며느리가 다시는 얼굴이 보고 싶지 않다고 이야기 했을까. 치매로 다 잊고 본인만 좋았던 기억을 가지고 하염없이 며느리를 기다린다는 말이 머릿속을 복잡하게 만들었다. 며느리 이야기만 꺼내도 함박지게 웃다가도 며느리가 보고 싶다고 말하시면서 울적해 하는 모습이 한편으로 짠했다.

세상에는 다양한 부모가 있고 다양한 자녀가 존재한다. 과거 어른들은 나이가 들면 부모를 모시고 자녀는 그것을 당연시 했다. 농사 받을 땅을 물려받고 대를 이어 농사지었기에 어른을 모시며 살며 어른들의 지혜를 빌렸다. 삶을 살아가면서 크게 변화도 없고 주어진 대로 사는 것이 평범한 일이었다. 하지만 농사를 짓던 시기를 지나 빠르게 변하는 현대 사회에서는 변화의 속도만큼 부모와 자녀간의 관계는 많이 변했다. 웃어른의 지혜가 필요했던 농경사회와 달리 현재는 웃어른의 지혜보다 변화에 맞는 지식이 더 중요해졌다. 그만큼 웃어른에 대한 공경도 사라지고 부모를 모시는 것에 대해서도 많은 변화가 생겼다. 여러 이유로 부모가 자녀를 버리거나 자녀가 부모를 외면하는 등의 일이 발생한다. 나쁘다, 잘못되었다는 이야기를 하려는 것이 아니다. 각자의 사정으로 자녀와 소원할 수도 있고, 자녀는 본인의 사정으로 부모를 챙기지 못할 수도 있다.

효도를 굳이 과거와 같은 기준으로 생각할 필요가 있을까. 현대는 부모가 자녀를 키웠다고 해서 '너희가 날 책임져야 한다.'고 말하기 어려운 시대다. 각자의 자리에서 제 밥벌이 하기 바쁜, 너무도 빨리 변하는 시대 속에 살고 있다. 자녀가 하는 일이 부모가 하는 일과 같은 경우도 드물고 한자리에 계속 머물며 평생 살지도 않는다. 부모와 자식이 함께 하기보다 각자의 위치에서 각자의 가정을 꾸려나가는 것도 급급하다. 이런 상황 속에서 제 앞가림 하나 못해 부모에게 손 벌리는 자녀도 많다. 이런 사람들은 부모가 이루어 놓은 것을 받아가는 것이 마치 당연하다는 듯 생각한다. 부모에게 손 벌리는 것을 부끄럽게 생각하지

않는 사람이 많은 사회에서 스스로 독립한 자녀는 그것만으로
도 효를 다한 것이다.

**부모를 봉양하고 지극히 높이 섬기는 것을 효라고 말하는 시
대는 지났다.**

지금의 사회에서는 자녀가 제 몫을 다하고 부모에게 불편함
을 끼치지 않는 것만으로도 큰 효도다. 물론 섭섭할 수 있다. 하
지만 언제나 품에 끼고 사는 것이 자녀는 아니지 않나. 품 안을
떠난 자녀에게 무언가를 바라면 서로 힘들어진다.

내가 자식에게 쏟아 부은 만큼 돌아올 거라는 계산적인 생각
을 하는 순간 부모와 자녀 사이는 '가족'이 아닌 '채무자'와 '채권
자'가 되어 버린다. 거래를 위해 낳은 자식이 아니지 않나. 자녀
를 '가정을 이룬 객체'로 바라보자. 한 집안을 이루는 순간 자녀
는 내 '자식'이 아닌 자녀가 만든 집의 '가족구성원'이 된다. 각
자위치에서 그 역할을 다 하면 된다.

옛 어른들이 받은 효도를 똑같이 받는다는 건 어렵다. 그만큼
시대가 변했고 살아가는 것이 각박해진 세상이다. 편안한 노후
를 자식고민으로 보내기는 아깝다. 자녀가 나이든 부모에게 손

벌리지 않고 잘 사는 것만으로도 크나큰 효도다.

효를 바라지도, 자녀에게 목매지도 말자.

독립한 자녀를 왜 품에 끼고 살려고 하나. 자녀와 연락하고
서로 약속을 잡아서 만나고 잘 지내는지 안부를 묻고 교류하는
것만으로도 충분하다.
자녀에게 목매기보다 나이가 든 만큼 누리지 못한 현대의 문
물을 누리며 자유롭게 살아가길 권하고 싶다.

대한민국이 발전하는 것에 가장 큰 축이 된 사람으로서 현재
를 충분히 누려보는 것은 어떨까.

자녀가 독립하고, 삶의 여유가 생긴 시간을 자식에게 목매지
말고 '나'를 위해 이용하자. 어차피 독립한 자식은 남이다. 이제
각자의 인생을 살아가야하는 위치에 섰다. 독립된 존재로 각자
의 길을 간다는 것을 인정하고 자식에게 목매지 말자. 남은 시
간을 자식에게 목을 매기에는 현재의 '나'는 정말 소중하다

허공에서 떨어지는 공짜 돈

한 어르신이 있었다. 두 명의 아들 중 큰아들은 밭에서 농사를 짓고 작은아들은 핸드폰 가게를 운영했다. 농사하기 바쁜 큰아들은 농번기가 되면 거의 방문하지 못했다. 농사를 짓느라 바쁜 큰아들의 자리를 대신한 건 작은 아들이었다. 아침, 점심, 저녁, 어르신의 식사 시간에 둘째아들의 가족들은 돌아가면서 요양원을 방문해 어르신의 식사를 도왔다. 그렇게 둘째아들 둘째며느리, 손주 세 사람은 배 농사를 짓느라 바쁜 큰형 대신 제비가 새끼에게 먹이 물어 나르듯 알뜰살뜰하게 어르신을 챙겼고 가끔 외출도 했다. 누가 보아도 효심 있는 자녀의 모습이었다.

시간이 흐르고 어느 날부터 둘째 아들의 발길이 뚝 끊어졌다. 발길이 끊긴 둘째아들 대신 찾아온 큰아들, 면회실을 가득 채운

큰소리, 그날 이후 어르신의 속앓이가 시작되었다.

속앓이가 시작된 이유는 간단했다. 치매가 심하신 편이 아니라 기억이 오락가락 하던 어르신은 매일매일 면회 오는 작은아들의 효심에 홀딱 넘어 갔다. 잘 모시겠다고 장담하는 작은아들의 말에 어르신은 큰아들이 경작하고 있는 밭을 둘째에게 증여해 버렸다. 본인이 원하는 것을 받아낸 작은아들은 그대로 발길을 끊었다.

둘째가 잠적을 타고난 뒤 현실을 알게 된 어르신은 발을 동동 굴렀지만 이미 상황은 돌이킬 수 없었다. 농사를 짓던 큰아들은 자신과 상의도 하지 않고 밭을 넘겼다는 사실에 '더 이상 어머니를 봉양하지 않겠다.' 선언했다. 어르신의 선택으로 아들 둘의 발길은 완전히 끊겼다. 어르신은 몇 평 되지 않던 땅 조각 하나 때문에 자식을 잃었다고 한탄하셨다. 결국 홧병으로 눈을 감기 직전까지 둘째아들에게 속은 것을 한탄하고 큰아들에게 미안해하며 돌아가셨다.

쓸쓸한 현실을 단적으로 보여주는 위의 일은 단순히 이 어르신 한 명에게만 국한된 일이 아니다. 현재를 살아가고 있는 모든 사람들이 생각해 보아야 할 문제다. 누군가의 자녀로 태어나 부모가 되고 언젠가는 재산을 물려주는 입장이 되지 않나?

그리고 그 상황이 닥쳤을 때 몸이 건강할 거라고 어떻게 장담할 건가? 자녀 중 돈에 욕심을 낸 누군가가 그 욕심으로 부모를 속이고 재산을 가로채는 일은 비일비재하게 일어난다. 이렇게 배분된 재산은 싸움의 원인을 제공한다. 공정한 재산 배분이 아니면 형제, 자매들 간에 재산 싸움은 피할 수 없다. 소송을 통해 유류분(遺留分)을 나누는 것은 가능할지는 몰라도 마음의 상처와 가족 간의 골만 커진다. 재물과 가족을 시간과 돈, 노력으로 맞바꾼 결과만 남는다.

결국 '돈'이 가족을 갈라 놓는 칼이 된다.

과거의 재산 상속은 부의 대물림이기 이전에 농사를 짓는 삶의 터전을 이어 받는 의미가 강했다. 나이가 든 어른이 은퇴함과 동시에 자손에게 땅을 물려줌으로써 생산성을 지속하고 집안을 이었다.

땅은 한 집안의 재산이기 이전에 가문을 유지하는 단단한 기반으로 가족을 결집시키는 기준점이었다. 그러나 현재는 과거와 많이 다르다. 농사를 업으로 삼는 사람이 아니라면 땅을 물려받아도 농사를 짓지 않는다. 땅을 팔아 현금화시키거나 건물을 세워 새로운 방식으로 부를 창출한다. 상속된 땅은 삶의 터전이 아닌 상속된 재산으로 자녀의 '부'로 전환될 뿐이다.

　힘들여 돈을 벌지 않아도 받을 수 있는 자산은 누구에게나 욕망의 대상이다. 유산은 자신이 노력하지 않아도 받을 수 있다. 피가 이어져 있다는 이유만으로, 서류상 가족으로 기록되어 있다는 이유만으로 유산을 받을 자격은 충분하다. '유산'은 세상에서 아무런 대가 없이 받을 수 있는 유일한 '자산'이다. 이자를 상환할 필요도, 원금을 갚을 필요도 없기에 '공돈'과 다름없다. 이런 이유로 부모가 자산가라면 자녀는 유산에 영향을 받는다. 슬프게도 부모가 가진 것이 많을수록 자녀는 부모에게 잘 보이기 위해 노력한다. 또한 더 많은 유산을 상속 받고자 하는 욕심으로 자녀들 사이에 소리 없는 알력관계가 형성된다.

　부모가 일궈낸 부(富)가 임종 이후 정해진 법대로 넘어간다면 아무런 문제도 발생하지 않는다. 기여도에 따라 더 받겠다고 자녀들 간에 소송이 걸릴 수는 있겠지만, 부모의 생전에는 자제하기 마련이다. 하지만 금전에 눈이 멀게 되면 아무것도 보이지 않는 것이 사람이다. 재산을 쥐고 있는 부모가 버젓이 살아 있음에도 돈에 눈이 먼 자녀들 사이의 불화는 돌이키기 힘들다. 나이 많은 부모의 말은 듣지도 않을뿐더러 해결되기 전에 부모가 사망을 하게 된다면 자녀들은 그대로 갈라서 버릴 수도 있다. 어떤 이들은 재산 상속은 신중하게 해야 한다고 말하면 이렇게 대답한다.

'내 자식들은 착해서 교통정리를 잘 해 놓으면 괜찮아.'

이미 한 가정의 부모가 된 자녀들이 정말 그럴까? 독립을 해서 한 가정의 주인이 된 자녀들에게 중요한건 부모, 형제보다 자신의 '가족'이다.

결혼으로 독립한 순간 자녀는 '나의 자식'이 아닌 한 가정의 부모일 뿐이다. 자식에게 중요한건 부모인 '내'가 아니라 그 가정에 속한 '배우자'와 '자녀'다. 자식을 위해 못할 짓 없는 것이 부모다. 내 자식이 자신의 자녀를 위해 돈 한 푼 더 받아내기 위해 부모에게 어떻게 할지 알 수 없다.

모든 것들이 계획한 대로 잘 될 거라 장담하는 어른들에게 세상의 모든 일이 계획대로 되지 않는다고 말하고 싶다. 내가 다음날 죽을지도 모르는 것이 세상인데 어떻게 장담할 수 있겠나. 나이 지긋한 어른들의 말을 많이 들어본 입장에서 내가 들었던 이야기를 정리해보면 결론은 하나다.

'아무리 잘 해놓아도 자식이 돈을 빼가려고 덤비면 답이 없다.'

세상사는 계획대로 흘러가지 않는다. 아무리 계획을 잘 세워 뒀다고 해도 자녀의 삶에 변수가 생길 수 있다. 급전이 필요할 수도 있고, 사기를 당할 수도 있다. 갑작스러운 상황에 어쩔 줄 몰라 쫓아온 자녀의 도움 요청을 부모는 뿌리칠 수 없다. 그것 이 비록 엄살이고 부모의 돈을 받아내기 위한 핑계일지라도 평 생 자녀를 위해 살아온 부모가 어떻게 버티겠나? 자녀가 많은 경우 꼭 더 아픈 손가락이 있다. 입안의 혀 같아 더 예뻐하는 경 우도 있다. 그런 경우 골고루 나눠야할 유산이 제대로 나눠질 수 있을 거라는 확신이 있을까? 치매 같은 병 때문에 판단이 흐 려져서 잘못된 선택을 하게 될 수도 있다. 세상에는 수많은 경 우의 수가 있고 사람은 미래를 예지할 수 없다.

돈을 빌미로 효를 사려고 하는 어른들이 있다. 돈으로 사람의 마음을 살수 없음을 앎에도 '돈'으로 효를 사는 어리석은 선택을 한 것이다. 재산을 가지고 자식들을 시험하는 것만큼 멍청한 짓 은 없다. 그 돈 때문에 금수(禽獸)만도 못한 짓을 하는 사람도 있 다.

누구나 '나'는 아니라고 하지만 그 금수가 내 자식이 될 수도 있다.

　요양원이나 병원에 가면 코에 긴 줄을 꽂고 있는 사람이 간혹
있다. 이걸 비위관(鼻胃管)이라고 하는데 코를 통하여 위(胃)로
넣는, 고무나 플라스틱 재질의 관으로 이걸 이용해서 위의 내용
물을 빼내거나 영양을 공급한다. 주로 입으로 삼키는 기능이 떨
어진 사람을 대상으로 이루어진다.

　보통 환자나 보호자들은 '콧줄'이라고 한다. 여러 이유로 이
비위관을 코 안으로 삽관하게 되는데 노환으로 인해 식사가 불
가능해진 어르신의 경우 신체 전반의 기능이 완전히 상실되어
일상생활이 불가능하게 되어도 삽관을 통한 영양공급이 삶을
이어가게 만든다.

　비위관이 정확히 무엇을 하는 건지 잘 알고 있는 어른들은 정
신이 맑을 때 삽관을 하지 말라고 당부해 둔다. 자녀 역시 부모
의 당부에 고개를 끄덕인다. 이것이 일반적인 모습이지만, 가끔
다른 곳에서 일하는 요양보호사들의 이야기를 건너건너 듣다
보면 일부로 부모를 살려두는 자녀에 대한 이야기를 들을 수 있
다.

　부모의 의지와 상관없이 '연금'을 탐낸 자녀가 부모의 뜻과 상
관없이 삶을 이어가게 만든 거다. 고령으로 움직일 수도, 치매

나 인지 저하로 자녀를 알아 볼 수도 없다. 그저 누워서 숨만 쉬고 있을 뿐이다. 요양비를 제외한 일부의 돈이지만 그렇게 매달 손에 쥐는 돈은 적지 않다. 살아 있는 것과 거리가 먼 상태가 되어버린 부모를 고작 돈을 위해 살려둔다니.

부모 앞으로 매달 나오는 몇 백의 돈에 눈이 멀어 삶을 이어가게 두는 자녀가 진실로 사람이라 할 수 있을까. 돈이란 게 그런 거다. 아무리 곧고 바른 사람이라도 금수만도 못하게 만드는 게 '돈'이다. 효는 마음에서 우러러 나와야 한다. 돈으로 사려는 순간 '효'가 가진 의미는 바래고 부모와 자녀간은 거래관계로 전락한다.

모든 자녀들이 그렇다는 건 아니다. 하지만 본인이 경제적으로 힘들다면 자연히 부모의 재산을 탐내게 된다. 언젠가 내가 물려받을 재산인데 좀 빨리 받으면 좋지 않나. 그렇게 부모의 재산을 야금야금 받다 보면 결국 재물에 눈이 멀게 된다. 사람의 마음은 간사한 것이라 쉽게 손에 넣을 수 있는 재물에 대한 욕심은 쉬이 삭아지기 어렵다. 그러면 어떻게 해야 할까. 나이를 먹어감에 따라 재산을 어떻게 물려줄지 생각해야 하는 것은 그야말로 난제 중의 난제다.

자신을 전담하는 입주 요양보호사에게 커다란 다이아 반지와 막대한 재산을 벌어들인 자신의 화려한 젊은 시절을 자랑하는 것이 낙인 수천억대의 자산가 ○○어르신의 이야기다. 90이 넘은 나이로 거동이 불편한 어르신은 고령의 나이에도 본인의 재산을 오롯이 가지고 계신다. 어르신은 재산에 대해서만큼은 철저해서 거래에 필요한 본인의 신분증, 인감 등을 은행금고에 넣어 놓고 자신과 자식들이 함께 가지 않으면 금고가 열리지 않도록 단단히 봉해 뒀다. 자녀 중 한 명이라도 본인의 눈을 피해 허튼 짓을 하지 못하게 막아 버린 거다. 어르신은 자녀에게 일부 재산은 분배했지만, 가장 큰 재산은 본인이 살아 있는 동안 마지막의 마지막까지 쥐고 있는 것을 선택했다.

이와 반대로 미리 증여를 한 어르신도 있다. 우연히 지하철에서 만난 어르신과 말을 트게 되어 나눈 이야기다. 남편이 남긴 수많은 재산을 자녀들이 야금야금 가져갔단다. 재산이 많았기에 그분은 별 생각 없이 나눠 줬다. 이 상황이 잘못되었다고 깨달았을 때는 이미 재산은 조각나고 부스러기만 남은 상태였다.

자녀들은 그 많은 돈을 가져가 놓고도 서로 '누가 돈을 더 많이 가져 간 거냐.'고 비난하고 싸우며 어미인 자신을 서로에게 떠넘기기 바빴다 한탄했다. 이런 이야기 어디 가서 하지 못하지만 영 모르는 사람이라면 그냥 흘려들을 거라 말한다 하시는 얼굴에 그늘이 진다. '그나마 건진 돈으로 자녀와 거래 끊고 산다.'고 이야기 하시며 돈을 쥐고 있었으면 달라졌을 지도 모르겠다고 한탄했다. 짧은 대화였지만 복잡한 남의 가정사를 들여다 본 이야기였다.

재산에 목매는 자녀에게 재산을 주는 것을 남이 뭐라던 무슨 상관이겠나. 옳은 것은 없다. 하지만 굳이 먼저 나서서 선택할 필요는 없다고 생각한다. 살아 있는 동안 부모라고 해서 아낌없이 주는 나무가 되어 끝도 없이 나눠 주는 것은 젊은 날 자녀를 위해 헌신한 시간으로 충분하다. 뱃속에서 태어나 울음을 터트린 그 순간부터 한 가정의 부모로 일가(一家)를 이룰 수 있도록 물심양면으로 도운 것까지 가장 큰 역할은 끝났다.

그 이후의 삶은 자녀의 거다.

독립한 자녀는 내 피를 이었지만 남이나 다름없다. 이제 자식은 내 피를 이은 또 다른 가정의 가장이라는 것을 인식할 필요가 있다. 부모는 이제 네 앞길 스스로 잘 개척해서 잘 살아라 기도나 해 주고 자신을 위해 살아가면 된다.

나이도 어린 이가 건방지다 할지 모르지만, 어차피 있는 재산 죽고 나면 법대로 쪼개서 받을 텐데, 미리 문제 만들게 무어 있을까. 재산을 가지고 자식들을 휘두르고 분란의 씨앗을 심기 위해 유산을 남기는 것은 아닐 거다. 정말 억대 자산가라서 세금 이야기를 꺼낸다면 그것 역시 자녀가 감당할 몫이 아닐까.

'나'를 먼저 챙기자.

나이가 들고 건강이 나빠지는 것도 서러운데 가진 재산 뺏기고 나앉는 것만큼 서러운 것도 없다.

대학생 때 사회복지사 실습을 나갔을 때의 일이다. 아르바이트 정도의 사회생활 밖에 없던 내게 실습 때 알게 된 한 노부부의 사연은 부모의 마음을 이용한 자녀가 얼마나 잔인해 질 수 있는지 체감하게 했다.

한 달간 사회복지사가 되기 위해 실습한 종합사회복지관에서는 일주일에 두 번 생활이 어려운 사람들의 집으로 밑반찬을 만들어서 배달해주는 사업을 하고 있었다. 실습한 복지관은 굉장히 넓은 구역 담당했다. 보통 때는 봉사자분들이 배달을 해 주지만, 가끔 봉사자가 없을 때에는 사회복지사가 직접 배달했다.

어느 날 봉사자분이 일이 있어서 오지 못해 사회복지사선생님이 직접 배달을 나가는 일이 생겼고, 실습 온 학생 중 몇몇이 배달을 돕기 위해 함께 가게 되었다. 배달 간 집의 내력이나 상황에 대해 선생님의 설명을 들으며 지역 전체를 한 바퀴 돌았다. 마지막으로 밑반찬을 배달할 집에 도착했다. 옆으로는 작은 도랑이 흐르고 허름한 집은 사람이 살 수 있을 지 의문이 들 정도로 초라했다. 다른 곳과 달리 이곳은 선생님께서 직접 다녀오셨다.

"기다렸지? 이야기 하느라 시간이 좀 걸렸어. 몸이 좀 안 좋으셔서."

차에 시동을 걸며 말하는 선생님의 표정이 좋지 않았다.

"많이 안 좋으세요?"
"화병이지. 노부부 두 분 다 학교 선생님이라 퇴직금도 많이 받으셨는데…. 하나뿐인 아들놈이 사업한다고 보태달라고 해서 어머니 퇴직금을 일시금으로 받아 챙겼거든. 근데 그 돈도 다 떨어 먹고 무슨 짓을 한 건지 모르겠지만 결국 아버지 퇴직금도 털어먹고, 집까지 팔아서 돈 들고 날랐어. 사는데 문제없던 분

들이셨는데…. 아들놈 때문에 자식이 있으니 기초수급자도 못
되고 우리 복지관에서 배달하는 밑반찬만 기다리시는 신세가
된 거야. 반찬 할 돈도 없어서 이 반찬으로 식사하시는 분들이
셔서…."

긴 한숨을 내쉬며 말하시는 선생님의 얼굴이 잔뜩 그늘졌다.

"고령의 나이에 이 추운 겨울 오들오들 떨며 계시는 모습이
마음이 아프네. 그놈의 자식이 뭐라고. 올 때마다 기분이 좀 그
래."

어떻게 해서든지 뭔가 도움을 드리고 싶지만, 해줄 방법이 없
다. 현실적인 벽이 너무 높다고 말하는 선생님의 표정이 답답해
보였다.

"자식이라는 거 이럴 때 보면 소용없는 것 같다니까. 크고 나
면 지 갈길 가야지."

사회복지사 선생님에게 이 말을 들었을 당시에는 사회적으로
이런 문제가 대두 되고 있었다. 뉴스에도 가끔 부모의 재산으로

생긴 분쟁이나 부모를 버린 자식에 대해 나왔다. 다양한 패륜 사건들이 뉴스를 장식하고 부모에게 해외여행을 미끼로 그 나라에 버리고 오는 사건들마저 더 이상 뉴스에 나오지 않게 되었을 쯤, 개인적 친분이 있는 수녀님을 만나러 방문한 양로원에서 또 다시 비슷한 이야기를 들을 수 있었다.

수녀님이 원장으로 계시는 양로원은 의지할 곳 없는 기초수급자 어르신들만 모시는 노인 시설이었다. 양로원의 원장으로 부임하셨다는 말에 인사를 드리러 그곳에 처음 방문했을 때, 그곳에 계시는 어른들의 모습에 나는 의아함을 지울 수 없었다. 요양원에 있으면서 많은 노인 분들을 보아 왔던 내게 그곳 어르신들은 내가 알던 기초수급자 분들과는 조금 많이 다른 듯했다. 말씀을 하시는 모습이나 행동하는 모습들이 많이 교육을 받은 분들 같았다. 사람을 차별하는 것 같은 질문을 입에 담기 힘들어 고민하던 나는 내가 본 사실 그대로가 맞는지 확인하기 위해 물었다.

"수녀님. 여기 기초수급자 분들만 계신 곳 맞지요?"

내 질문에 수녀님은 원장실에서 앉아서 이야기 하자며 자리

111

를 옮겼다.

"자기 욕심 때문에 투자를 잘못하거나 과하게 사업을 하다가 기초수급이 되신 분들도 있지만, 그것보다 자녀들에게 재산을 넘겨줬다가 기초수급자가 되신 분들이 더 많아요. 대부분이라고 할 정도로."

"자녀가 있는데 기초수급이 되요?"

"자식이라고 있어도 부모 버리고 이민을 가버리거나 하면 방법이 없으니까요. 본인 살겠다고 도망갔는데 나이 많은 부모가 어떻게 하겠어요. 여기 계신 분들 중에는 전직교수님도 있고 사업하시던 분들도 있어요. 자식을 믿은 대가가 기초수급이라니 기가 찰 노릇이죠."

내가 아닌 자식을 먼저 챙긴 사람들의 씁쓸한 이야기는 10년이 넘는 시간이 지나도 변한 게 없었다. 아니, 오히려 더 늘어났다. 하지만 이제 자식들의 말을 믿고 재산을 분할해 줬다가 빈털터리가 된 부모를 버리는 자식이야기는 가벼운 얘깃거리로 전락했을 뿐, 뉴스감도 되지 않는다. '돈'이라는 것 앞에서는 그 무엇도 소용이 없는 것이 현실이다.

재산에 대해 이야기하는 어르신들 중에는 자녀에게 '죽기 전에는 물려줄 수 없다.' 못 박고 끊임없이 그 말을 상기시키는 분도 있다. 살면서 다 쓰고 가면 어쩔 수 없고, 남으면 너희에게는 잉여 자금이 생기는 것 뿐이라는 거다. 어차피 유산이라는 걸 물려받으면 세금도 내야하고 법적으로 기준도 정해져 있으니 그 부분은 자녀들이 알아서 할 부분이라고 말하는 분도 있다. 내가 죽고 난 뒤에 재산으로 싸우든 말든 무슨 상관이냐는 거다. 살아 있는 동안 우애 있는 자녀들 보고 행복하게 살다 가면 그게 가장 큰 선물이라는 말이 무겁게 다가온다.

평생 살면서 모은 재산은 살아온 시간을 이야기 해 준다. 이 재산을 자녀에게 물려주는 건 본인의 결정이다. 상속 전 어른들이 놓치는 가장 중요한 것이 하나 있다.

바로 '노후준비'다.

재산을 미리 증여하고 나면 자식들이 재산을 받은 만큼 안락하게 잘 모실 거라 기대한다. 분명 부모를 잘 모시는 자녀도 있다. 하지만 들어갈 때와 나갈 때 마음 다르듯 필요한 것만 챙기고 나 몰라라 하는 이들도 존재한다. 모든 이들이 그렇지 않지만 사람마음은 알 수 없는 일이다. '자식이니까 믿는다.', '내 자식은 그럴 리 없다.'라는 말은 본인의 생각일 뿐이다.

증여받은 재산으로 자식이 봉양할거라고 믿는 것은 자식에 대한 순진한 믿음이다. 무슨 일이 어떻게 벌어져서 미래가 변할지는 아무도 모른다. 모든 일이 순탄하게 풀려서 자녀의 경제적 능력에 문제가 발생하지 않고 부모를 정성껏 모신다면 완벽하겠지만 한치 앞도 알 수 없는 것이 삶이다. 손에 쥐고 있는 돈 한 푼 없이 자녀에게 용돈을 받아쓴다고 생각해 보자.

자녀의 경제적 사정이 불안정해지면 돈을 받는 것 자체가 부담이 된다. 생활하기 위해서는 필수적이지만, 자녀의 어깨에 무거운 짐을 올려놓은 것 같은 생각에 쉽게 요구하기 힘들어진다. 한평생 일궈놓은 재산을 자녀에게 주고 사용하는 것을 눈치 본다면 그게 정상적인 상황일까?

부모가 자녀에게 많은 것을 해줄 수 있다. 능력이 된다면 상관없다. 하지만 자녀에게 모든 것을 증여하고 돌봄 받으며 사는 것은 생각해 보아야 할 문제다. 지금의 대한민국은 자녀에게 내 노후를 책임지라는 조건으로 재산을 넘겨주기 불안하다.

노후를 준비해서 마련한 돈은 '나의 것'이다.

내가 직접 벌어서 모아 놓은 돈은 얼마를 쓰던 아무런 문제도 발생하지 않는다. 자녀에게 재정적 어려움이 발생했을 때, 짐 하나를 덜어주는 것과 같다. 내 재산으로 자녀에게 손 벌리지 않고 사는 것이 부모가 자식에게 마지막으로 해 줄 수 있는 가장 큰 선물이다.

물론, 부모의 손에 쥔 재산을 탐내는 자녀도 있을 거다. 만약 당신에게 부모의 손에 있는 돈에 눈이 멀어 앞뒤 가리지 않고 돈, 돈 노래를 부르는 자식이 있다면 당장 집에서 쫓아내길 권한다. 부모의 노후자금까지 탐내는 건 자녀가 아니라 부모로써 할 일을 다 한 이의 등골을 빨아 먹는 기생충이다. 마음이 약해져서 자녀의 손에 돈을 쥐어 준다면 결국 돈은 자녀를 불효자로 만든다.

부모는 자녀를 키워서 독립시킨 것으로 책임을 다했다. 부모를 무이자에 대출금 상환 없이 이용할 수 없는 ATM쯤으로 생각하는 자식은 부모의 말년을 말아먹을 범죄자에 불과하다. 농사를 지으며 3대가 모여 살던 옛날이 아니다. 변화에 휩쓸려 하루하루 살아가기 급급한 자녀들은 내 삶을 책임져 주지 않는다. 그들에게는 그들의 삶이 있고, 내 삶은 내 것이다. 내가 쌓은 모든 것들은 온전히 '나'를 위해 사용되어야 한다.

'나'를 위해 사용하기 위해서는 무엇을 어떻게 해야 할까. 제일 먼저 돈에 대해 기본적인 생각을 반복학습을 통해 자녀들 머릿속에 주지시켜놓아야 한다.

어렵다. 엄청 어렵다.

돈 이야기만큼 꺼내기 어려운 건 없다. 어렵지만 그만큼 중요한 일이다. 입을 통해 말로 생각이 나오지 않는 이상 누구도 사람의 속은 알 수 없다. 시작하지 않으면 아무것도 변하지 않는다. 자녀와 함께 유산에 대해 자신이 어떤 생각을 하고 있는지 구체적인 이야기를 나눠 보자. 막연하고 두루뭉술하게 말하지 말고 정확히 어떻게 사용할지 배우자와 상세하게 논의하고 자녀에게 자신의 계획을 솔직하게 이야기 하는 것이 좋다. 돈에 대해 이야기 하는 것을 금기시하기보다 미리 이야기 하는 것은 유산으로 인한 분란을 줄일 수 있다.

자식은 태어나서 죽을 때까지 기쁨을 주는 만큼 삶의 큰 무게추다. 좋은 것이 생기면 주고 싶고, 진흙탕에 빠지지 않도록 해주고 싶은 것이 부모 마음이다.

내가 가진 것이 좋은 것이라면 기꺼이 바꿔 주고 자녀의 기쁜 웃음에 함께 웃는 것이 부모다. 그런 부모의 마음을 이용하는 자녀도 있고, 자녀가 내 뜻대로 되지 않는다 하여 실망하는 부모도 있다. 복잡한 관계 속에서 부모가 가진 유산은 많은 부분에서 가족관계에 영향을 미친다. 손에 쥐고 있는 것을 어떻게 사용할지 결정하는 것은 부모의 몫이다. 내가 손에 쥐고 있는 것이 가족을 나누는 칼이 될지, 돈독하게 만들 우산이 될지는 부모의 현명한 선택이 좌우할 것이다.

TIP

유서에 재산분할에 대해 기록할 예정이라면 반드시 변호사에게 공증을 받아 효력이 인정될 수 있도록 하자. 제대로 된 절차를 지키지 않은 유서는 효력이 없으므로 정확한 법적 기준에 맞게 작성해야 분란을 줄일 수 있다.

'영혼' 남기기

잘 걷지 못해서 재가서비스를 받던 어르신이 있었다. 요양보호사가 방문하는 시간 외에는 혼자 긴 시간을 보내야 했기에 자신이 잘못되면 도와줄 사람이 없다는 사실로 늘 걱정이 가득했다. 팔십이 넘은 노인이 불편한 다리를 타박하며 늘 입에 달고 다니던 말이 있다.

"우리 엄마가 살아 있음 내 다리 낫게 해줄 텐데, 우리 딸 다리가 이리 아파서 우짜노 하시면서…, 엄마 보고 싶다."

팔십이 넘은 나이에도 부모를 찾는 것이 자식이다. 나이를 먹고 어른이 되어도 세상을 떠난 부모의 빈자리는 크다. 문득 '이

거 아버지가 좋아하시던 건데.', '어머니가 해주시던 된장찌개 먹고 싶다.' 등의 생각이 떠오를 때마다 부모의 빈자리는 가장 크게 다가온다. 부모에게 자녀가 소중한 만큼 자녀에게 부모는 커다란 의지처다. 내가 의지처를 잃어 버렸듯 자식 역시 언젠가 마음의 의지처를 가슴 한 구석에 묻어야 한다.

요양원에 계시던 어르신 중 임종 날만 받아 놓은 분이 계셨다. 하루하루 병마의 고통 속에 힘겹게 버티던 어르신은 병원에 입원 하셨고, 요양원의 모든 직원들은 그분이 곧 임종할거라고 생각했다. 그러나 70대 자녀는 부모를 놓지 못했다. 어르신의 안부를 확인 하기 위해 병원에 확인전화를 한 담당 간호사는 자녀들이 어르신을 연명치료 한다는 소식에 혀를 찼다.

자녀의 애타는 마음 이해하지 못하는 건 아니지만 어른이 무슨 죄가 있나. 이런 모습을 보면 건강한 부모와 자녀 관계를 형성하는 것이 얼마나 중요한지 알 수 있다. 건강한 관계를 가만히 손 놓고 있다고 형성되는 것이 아니다.

건강한 관계로 만들어 가기 위해서는 '소통'이 필요하다.

나이가 들어갈수록 자녀와 대화가 적어지고 각자의 삶을 살아간다. 너무 빨리 변하는 사회에서 서로 이해하지 못하는 부분이 생기기도 한다. 여유를 가지고 느긋하게 이야기를 나눌 시간이 줄어든 만큼 갈등도 늘어난다.

서로 다른 사고와 생활로 인해 속마음을 터놓고 이야기하기보다 서로 얼굴을 마주보면 정작 하고 싶은 말이 아니라 엉뚱한 소리를 할 때도 있다. 가족이기에 말하지 않아도 알거라고 생각하는 사람도 많다. 말하지 않아도 알아주길 바란다니, 초능력자도 아니고 가능할리 없다. 말하지 않기 때문에 알지 못한다는 사실을 간과한 채 결국 대화의 타이밍을 놓쳐버리고 나중에 후회하게 되는 일도 생긴다. 누구에게나 생길 수 있는 일이지만, 그 일이 자신의 일이 되기 전까지는 알지 못하는 것이 사람이다.

인터넷을 하다 보면 여러 가지 사연을 종종 보게 된다. 별 이상한 사연에서부터 가슴 아픈 이야기들, 생활의 팁 같은 것들이 적혀 있는 게시판을 둘러보다 보면 생각지도 못한 이야기를 접하기도 한다.

'지금 생각해 보면, 그때 좀 더 말을 잘 들을 걸 후회해요.'

'미리 사진을 찍어 놓을걸. 우리 어머니 마지막 가시는데 사진이 없어서 눈물이 다 났어요.'

'부모님이랑 한 일이 없어서 후회 했어요.'

부모를 떠나보낸 자녀들이 올려놓은 글들이다. 긴 시간 함께 살아온 부모의 부재를 슬퍼하면서 살아계실 때 왜 잘 하지 못했는지에 대한 후회로 가득하다. 사연 하나하나 모두 같을 수 없겠지만 부모에 대한 사무치는 감정들이 녹아난 글에는 그리움이 가득하다. 이미 흘러간 시간이 돌아올 수 없음을 알기에 부모가 남긴 큰 자리에 남은 건 후회뿐이다.

우리는 살아가면서 많은 사람을 만난다. 학교 친구부터 직장 동료까지. 삶 속을 스쳐간 많은 사람들 중에서 가장 많은 시간을 차지하고 있는 것은 '가족'이다. '가족'이라는 이름으로 묶여 한평생 살아온 사람은 삶속에 가장 깊은 곳에 자리한다. 그리고 살면서 마지막에 남는 것은 가족뿐이라고 이야기 한다.

하지만 우리는 부모, 배우자, 자녀의 이름으로 함께한 이들과 얼마나 소통하고 있을까? 요즘 TV를 보면 재미있는 광고 하나가 자주 등장한다. '대한민국 듣기평가'라 불리는 광고에는 사람들이 서로 대화를 어떻게 하는지 보여준다. 제대로 듣지 않는 직장 상사, 자녀의 모습을 보여주며 잘 들어야 한다는 말로 마무리 짓는 광고는 우리 사회가 가진 경직된 소통을 이야기 하고 있다.

　얼굴을 맞대고 이야기 하다보면 정작 상대의 반응에 제대로 된 이야기하기 힘들어질 때가 있다. '이게 아닌데.'라는 생각이 들어도 감정이 부딪혀 대화 내용은 흐지부지 되어버린다. 서로의 대화보다 감정이 먼저 앞서면서 벌어지는 일이다. 이런 일들이 쌓이고 쌓여서 결국 나중에는 후회를 낳게 되는 거다.

　미리 예방이 가능함에도 쉽지 않다. 더욱이 이런 상황 속에서 대화가 단절되면 다시 이어가기 힘들다. 감정만 더 부딪히고 악순환의 연속이다. 이런 상황 속에서는 간단하게 말을 주고받는 것도 큰 용기가 필요하다. '열 길 물속은 알아도 한 길 사람 속은 모른다.'는 말 같이 아무리 아끼고 사랑하는 마음을 가지고 있어도 꺼내 놓지 않으면 누구도 알 수 없다.

　감정이라는 벽에 막혀 마음속에 켜켜이 쌓아둔 이야기는 눈을 감는 순간 매몰될 뿐이다. 그렇다고 무턱대고 말을 붙여 보자고 하는 건 아니다. 우리에게는 '대화' 말고도 많은 소통의 수단이 있다.

살다보면 문득 가족에게 하고 싶은 말들이 생긴다. 서로 사이가 좋고 나쁨을 떠나 '가족'이기에 나누고 싶은 무언가다. 그 말들 중에는 직접 하기 힘든 쑥스러운 말도 있고, 미안한 말도 있다. 감정이 상해서, 너무 멀리 있어서, 입 밖으로 내기에 어려워서 등의 이유로 그 말들은 입안으로 삼켜진다. 세상에 나오지 않은 말들은 시간이 흐르고 난 뒤 후회로 남을 때도 있다. 부모와 자식이라는 관계를 떠나 사람 대 사람으로서 소중한 이에게 꼭 말로 전하기 위해 노력하지 않아도 된다. 우리가 소통하는 것이 '대화'가 전부는 아니니까.

전하고 싶은 말을 삼키지 말자.

편지를 써도 되고, 문자를 남겨도 된다. 손으로 쓴 편지가 흔하지 않은 세상이다. 글을 쓰게 되면 내가 쓴 글을 읽으면서 정리하면 내용은 정제되고 잔소리가 아닌 전하고자 하는 내용만 남는다. 진심을 가득 담을 수 있다. 긴 글이 부담스럽다면 자녀에게 짤막한 글을 써서 엽서로 보내도 된다. 연말 연하장도 한 번 써보자. 살갑게 대화를 하지 못해도 글로 마음을 나누는 것만으로도 가족은 더 돈독해질 수 있다. 내가 남기는 모든 것 하나하나가 훗날 남은 이들에게는 추억이고 그리움이다.

살아 있는 동안 가족과 소통하면서 내가 남길 것에 대해서도 생각해 보자.

머릿속에 남긴 추억은 시간의 흐름에 씻겨 간다. 가족이 죽고 난 뒤, 유품과 사진을 보며 그리워 하지만 살아 있을 때 모습을 오롯이 기억해 내기 힘들다. 손으로 적어 놓은 글은 죽은 이를 떠올리고 추억하게 만든다. 하지만 기억은 희미해져가고 머릿속에 남은 목소리는 시간에 묻혀간다. 마치 모래가 손가락 사이를 빠져 나가듯 그렇게 하나씩 잊힌다. 잊히는 기억을 되돌릴 수는 없다.

인터넷에서 아버지가 돌아가신 어떤 분이 적어 놓은 글을 본 적이 있다. 아버지가 돌아가시고 목소리가 생각나지 않아 슬펐는데, 우연히 핸드폰에서 가족들이 이야기하는 모습을 동영상으로 찍은 걸 확인하고 매우 기뻤다는 글이었다. 잊혀가던 아버지의 목소리를 들으면서 펑펑 울었다는 그 글에 많은 사람들이 공감했다.

과학이 발전한 지금은 손수 적은 편지, 함께 찍은 사진, 모아둔 여러 흔적들뿐 아니라, 더 많은 것을 남길 수 있다. 핸드폰의 기능이 좋아지고, 카메라의 성능이 높아짐에 따라 동영상 촬영을 손쉽게 할 수 있게 되었다.

누구나 가지고 있는 핸드폰으로 자식에게 남기고 싶은 말, 하고 싶은 말을 동영상으로 남기는 것은 어렵지 않다. 편지 쓰는 것도 쑥스러운데 무슨 영상을 찍느냐 할 수 있지만, 영상을 보는 것이 익숙한 이들에게 사랑하는 이의 모습이 담긴 영상은 소중한 추억이다. 목소리, 표정, 몸짓 등 모든 모습을 고스란히 담은 영상은 남겨진 이들에게 위로가 된다.

잘 다루지 못하는 기계를 다뤄야 한다는 사실에 어렵게 느껴질 수도 있겠지만 핸드폰으로 사진을 찍는 것과 별다를 것 없다. 사진만 찍을 줄 안다면 누구나 할 수 있는 일이다. 하지만 아무도 없는데 카메라 앞에서 말하는 건 생각보다 어렵다. 아마 처음에는 어색할 수도 있다. 허공에 대고 말하라니, 나홀로 쇼도 아니고 쉽지 않다. 자식들에게 하고 싶은 말을 손으로 써서 읽는 것을 촬영해도 좋고, 일상생활을 하는 모습을 담아도 좋다. 배우자와 식사를 하면서 옛날이야기를 하는 모습, 속에 담아 두었던 이야기를 하는 모습 등 편하게 영상을 찍으면 된다. 시간이 흐르면 잊히는 목소리, 표정, 행동들을 남기며 추억할 수 있는 것을 남겨주는 것이다.

기계를 만지는 것이 어렵다고 말하는 사람도 있다. 핸드폰을 만지는 것이 어렵다면 메모를 해 보는 것은 어떨까. 마치 편지 쓰듯, 자녀에게 하고 싶은 말들을 적어 보자. 거창한 것을 쓰라는 게 아니다. 영상을 찍는 것 보다 글을 쓰는 것이 더 어려울 수도 있다. 말하는 것 보다 글로 적는 것이 어렵듯 자녀에게 무슨 말을 해야 할지 몰라 멍하니 종이만 쳐다보다 끝날 수도 있다. 중요한 건 무언가 거창한 것을 남기기 위해 글을 쓰는 것이 아니라는 걸 잊지 않는 거다. 언제나 자녀에게 입버릇처럼 하던 말이나, 걱정들을 적어도 된다. 중요한 것은 부모의 마음이 담긴 글이라는 거다.

'나이도 젊은데 벌써 유서를 남기라는 거냐!'하고 받아들일 수도 있다. 보통 사람들은 유서를 부자들이 재산 분배하려고 작성하는 서류쯤으로 생각하는 경우가 많다.

'유서'는 죽기 직전에 남기는 유언을 적은 글이다.

죽음을 목전에 둔 부모가 자녀에게 하고 싶은 말을 남기는 거다.

한국은 해외에 비해 미리 유서를 작성해 놓는 문화가 미비하다. 현재를 살아가는 것을 중요시 하는 한국인에게 유서는 거추장스러운 그 무언가다.

죽음에 대한 공포가 과한 문화 때문인지도 모른다.

하지만 유서를 작성한다는 것은 단순히 재산을 나눠준다는 의미가 아니라 어떠한 일이 발생할 때 남은 사람들에게 남기는 지침이다. 살면서 후회 되었던 것, 자녀에게 미처 하지 못했던 말들, 조금 더 산 시간만큼 알게 된 지혜를 죽기 전 마지막으로 전할 수 있는 통로가 바로 '유서'다.

만약 자녀의 나이가 어리다면 보호자가 없을 때 어떻게 해야 하는지, 어떻게 미래를 그려 나가야 하는지 등을 알려주는 지침을 남길 수 있는 커다란 유산이다.

그렇기에 돈이 아닌 부모가 자녀에게 물려줄 수 있는 가장 특별한 삶에 대한 이야기가 담긴 '유서'는 그 자체만으로도 가치가 있다.

부모가 자녀에게 꼭 유서로만 말을 남겨야 한다고 생각하지 않는다. 평소 하지 못했던 말, 자녀를 응원하는 말 등 자녀에게 하고 싶었던 말을 적어 보라는 이야기다.

살아생전 생각이 날 때 마다 메모장에 간략하게 써도 된다.

군이 하고 싶은 말만 적을 필요는 없다. 자녀가 유독 좋아하던 음식의 조리 방법이나, 나이가 들면서 자녀에게 알려 주고 싶었던 것들, 미처 하지 못했던 칭찬만으로도 충분하다.

한국인은 과거나 미래보다 현재를 살아가는 사람들이다. 현재를 살아가는 것이 나쁘다는 것은 아니다. 현재에 충실해야 더 나은 미래를 보낼 수 있기에 현재는 그 무엇보다 중요하다. 하지만, 현재를 지나 미래가 현재가 되었을 때, 스쳐지나간 시간 속에 남은 것들은 '추억'이라는 이름으로 존재하게 된다.

추억은 회상할 무언가가 있을 때 더 선명히 기억을 잡을 수 있다. 내가 차곡차곡 남긴 흔적들은 미처 내가 자녀에게 하지 못한 말들을 전하고 남겨진 자들에게는 죽은 이를 추억할 것을 만들어 줄 것이다.

'나' 정리하기

'죽음'이라는 단어는 그저 수많은 단어 중 하나에 불과하지만, 그 무게는 우리의 삶과 같은 선에 놓기에는 너무 무겁다. 평생을 살면서 죽음을 경험할 일은 그리 많지 않다. 고령의 노인들이 많은 요양원에서 10년 넘게 일을 해도 경우에 따라서는 어르신의 임종을 지킨 경험이 없는 직원이 많다. 병원 다음으로 죽음이 많이 존재하는 곳에서조차 죽음은 쉽게 접할 수 없는, 가깝지만 먼 거리에 존재하는 그 무엇이다.

가까이서 지켜본 죽음은 그리 많지 않지만 죽음을 앞에 둔 어르신의 모습을 볼 때마다 '죽음'에 대해 여러 가지를 생각하게 된다. 잠결에 돌아가시는 분, 죽음을 편안히 기다리는 분, 목전에 다다른 죽음에서 벗어나기 위해 애쓰는 분. 모두들 죽음으로 걸어가지만 그 과정은 각자의 선택지에 따라 다르다. 나는 여기서 죽음을 목전에 두고 눈을 감지 못하는 분에 대한 이야기를 하고 싶다.

살짝 벌어진 입 밖으로 색색거리는 숨소리가 끊어질 듯 말 듯 힘겹게 이어진다. 맥박을 잡아내는 기기는 일정하게 뛰는 심장을 기기로 그려낸다. 윙윙 소리를 내며 돌아가는 산소 호흡기는 이미 공급가능한 산소의 최대치를 만들어 내는 중이다. 제대로 떠지지 않는 눈을 겨우 뜬 채 허공을 더듬는 눈동자가 흐릿했다.

"어르신, 다 내려놓고 편하게 가세요."

임종 직전, 마지막의 마지막까지 살아 있는 것이 청각이라던가. 죽음을 앞둔 어르신을 위해 요양원의 선생님들은 작은 여유만 생겨도 침상 맡에서 편히 쉬시라 이야기하며 기도했다.
숨 가빠하는 상태를 확인한 의사는 오늘 밤을 넘기기 힘들 것이라 했지만, 어르신은 가느다란 숨을 부여잡으신 채 이틀을 더 버텼다.

제대로 숨도 쉬지 못한 채 버티는 것이 눈에 보이는데 우리가 할 수 있는 일은 아무것도 없다. 질길 정도로 삶을 부여잡고 있는 모습을 지켜볼 수밖에 없기에 그저 안타까움만이 흘렀다. 나쁜 기억들은 모두 잊고 좋은 기억만 가지고 마음을 편히 가지시라고 끊임없이 귓가에 속삭여 드리는 것이 전부다.

늦은 밤, 실낱같은 호흡을 받아내던 어르신의 마지막 호흡이 멈췄다. 산소가 모자라 손발이 새파랗게 변하는 청색증이 왔음에도 끈질기게 버티던 죽음과의 사투는 그렇게 막을 내렸다.

누구를 그리 기다리셨던 것인지 반쯤 뜬 채 흐릿하게 허공을 보시던 모습은 그대로다. 기계에 잡히던 맥과 힘겹게 내뱉던 호흡이 멈춘 것을 확인한 요양보호사 선생님은 기숙사에 계시는 의사 선생님과 수녀원에 연락을 넣었다. 늦은 시간이었지만 연락 받은 분들은 바로 임종하신 어르신을 확인하기 위해 올라오셨다. 그리고 얼마 뒤, 어르신은 옮겨졌고 어둠에 잠긴 요양원은 다시 침묵에 빠졌다.

삼일 전 점심시간, 나는 호흡이 제대로 되지 않는 어르신을 발견하고 간호사에게 쫓아갔다. 바로 산소 호흡기가 제공되고 응급처치를 끝낸 간호사는 의사에게 상황을 설명했다. 어르신의 상태를 본 의사는 발견이 조금만 늦었으면 사망하셨을 거라고 하며 오늘 저녁이 고비라 했다. 하지만 예상은 빗나갔고 제대로 숨도 쉬지 못하시는 어르신은 무엇을 놓을 수 없는 건지 삼일을 버티셨다. 손발이 새파랗게 변하고 손끝이 식어가는 와중에도 죽음에서 끝까지 버티시던 모습이 망막에서 떨어지지 않았다.

"누굴 기다리신 걸까요?"

"아드님을 기다리신 걸 거야. 잘은 모르는데 아드님과 틀어져서 교류를 안 하셨다고 하더라고. 아마, 본능적으로 아신 거겠지. 마지막이라는 걸."

숨이 끊어지기 직전까지 아들을 기다리신 어르신은 무슨 생각을 하셨을까. 흐릿하게 눈을 뜬 채 제대로 보이지 않은 눈으로 허공을 응시하면서 아들이 어디쯤 왔을지 생각하고 계셨던 걸까. 죽은 이는 말이 없다. 그저 마지막 모습에서 그 애닮을 어설프게 헤아릴 뿐이다.

임종한 어르신의 뒷정리에 시간이 훌쩍 흘렀다. 3시간만 있으면 아침 준비시간이다. 이 시간쯤 되면 귀신 같이 일어나 온 복도를 휘젓고 다니거나 아주 가끔 사고를 치시는 어르신들이 계셔서 정신을 바짝 차려야 하는 시간대이기도 했다.

"오늘 밤은 조용할 거니까 조금 쉬자."
"어르신들 괜찮을까요?"
"…이상도 하지. 임종한 어르신이 계신 날은 행동장애가 심한 어르신도, 새벽 일찍 일어나 움직이는 어르신도 조용해. 주무시고 계시는 동안 돌아가신 어르신이 있다는 것을 모를 텐데도 마치 누군가 왔다 간 것 같이 죽음에 대해 본능적으로 아시는 건지도 모르지."

그날 밤은 선생님의 말대로 정말 조용했다. 가끔 라운딩을 돌면 무서워 나도 모르게 긴장을 할 만큼 아침을 시작하기 직전까지 요양원은 고요한 침묵에 잠겨 있었다.

죽음 앞에서는 누구나 평등하다.

다른 점이 있다면 그 길로 가는 과정이 다를 뿐, 그 끝은 언제나 죽음으로 마무리된다. 어떻게 죽음을 맞을 것인가? 인간이 가진 최대의 난제이자 죽음을 목도하기 전까지 고민하지 않는 문제다.

내가 있던 요양원에서는 죽음을 눈앞에 둔 어르신께 꼭 하는 말이 있다.

'괜찮아요. 마음속에 묻어두신 감정들 다 털어 버리세요. 마음에 응어리 진 것들 다 내려놓고 편안히 가세요. 힘든 이 세상 편안히 떠나세요.'

천수를 누리고 임종하는 어르신들 중 쉽게 눈을 감지 못하시는 분들이 있다. 각자의 사정은 알 수 없지만, 대체로 누군가를 기다리며 죽음의 끝에서 아슬아슬하게 숨을 움켜쥐고 있는 모습은 가슴이 먹먹해질 정도다. 욕심에, 미련에 숨을 놓지 못하신 채 고집스럽게 버티는 모습이 안쓰럽다. 도울 방법이 없으니 우리는 그저 지켜볼 수밖에 없다. 모든 것을 내려놓고 편안해지시기를 바라는 마음에 끊임없이 어르신께 평안을 말하고 부디 편히 가실 수 있도록 기도할 뿐이다. 이렇게 마지막의 마지막까지 놓지 못하는 미련을 남기지 않으려면 어떻게 해야 할까.

감정이라는 건 어떤 형태를 이루고 있든, 내가 털어 낸다고 해서 쉽게 털어지지 않는다. 마음 한 구석에 묻어 두었던 감정은 다양한 색체를 가지고 있고 때때로 그것이 발목을 잡는다.

그렇게 발목을 잡은 감정이 끝끝내는 미련으로 남고 삶을 돌아보게 만든다.

죽음이 목도했을 때 미련에 발목을 잡히지 않고 웃으며 맞이하기 위해서는 그만큼의 준비가 필요하다. 준비라고 해서 거창하게 받아들일 필요는 없다. 여기서 준비란 이 챕터의 제목이기도 한 '나 정리하기'다. 자신의 삶에 대해 돌아보고 정리하자는 말이다.

'나 정리하기'에서 가장 중요한 것은 살아가는 시간동안 틈틈이 나 자신이 스쳐 지나온 시간들을 정리하는 거다. 자신이 지나온 수많은 시간만큼 과거에 쌓아온 많은 사건 속에서도 선명한 족적을 남긴 감정적인 일들은 절대 잊을 수 없다. 감사한 일, 사과 할 일, 분란이 생긴 채 덮어둔 일 등 다양한 일들이 삶에 존재한다. 감사하고 고마웠던 일들은 나와 상대에게 좋은 추억으로 남는다. 하지만 분란으로 감정이 상한 일은 원망이 되어 결국 그 흔적을 남긴다. 흔적이 나의 가슴에 멍을 남길지 상대에게 멍을 남길지는 알 수 없으나 깊게 가라 앉혀 둔 감정은 결국 나 자신을 좀 먹는다. 그것이 후회로 남는 감정이라면 먼저 다가가 풀어내기 위해 노력해 보자.

쉬운 일은 아니다.

어떤 일이든지 먼저 손을 내미는 것은 어렵다. 내가 먼저 이야기를 꺼내는 것만으로도 진 것 같고, 왜 먼저 숙이고 들어가야 하느냐고 반문하는 사람도 있을 거다. 본인이 느끼기에 놔둬도 된다고 생각하고 괜찮다면 그것으로도 됐다. 하지만 죽음 앞에서 후회 할 일이라면 내가 먼저 무엇을 후회할지 알고 미리 준비하자고 말하고 싶다. 죽음은 누구에게나 닥치는 일이고 누구에게나 주어지는 삶의 마지막 문턱이다. 가슴속 응어리를 풀지 못한 채 문고리를 쥐고 떠나지 못한다면 그보다 더 고통스러운 일이 있겠나.

위 말들이 너무 어렵다고 느껴진다면 내 주변 사람들에 대해 생각하고 나름의 정리를 하는 것부터 시작하라 말하고 싶다. 가깝게는 배우자부터 자녀, 며느리, 사위 등의 가족과 멀게는 내 주변 지인들까지 마음속 응어리를 내려놓고 정리하는 연습을 하자.

매일매일 일기를 쓰면서 하루를 정리하듯, 살면서 생긴 다양한 감정의 골을 메우고 서로 간에 거리의 폭을 줄이는 것이다.

물론 쉬운 일은 아니다.

감정은 쌍방의 흐름이고 내가 아무리 노력해도 해결되지 않는 부분도 존재한다. 손뼉도 마주쳐야 소리가 나듯, 각자의 입장차이로 발생한 일들은 함께 노력하지 않으면 해결되기 어렵다. 하지만 해결되지 않은 문제를 끌어안고 애닲에 고통 받는 것은 자신이고 그 감정을 아는 것도 본인뿐이다. 해결되기 어렵다고 해도 해결을 위해 노력하면 무거운 감정을 덮어놓고 무시하는 게 아닌, 내가 가진 감정을 알고 내려놓을 수 있게 된다.

고통스러운 감정은 나도 모르는 사이 스스로를 좀 먹는다. 꼬이고 꼬인 감정의 응어리에 대한 해결점을 찾지 못해도 해결하고자 하는 노력은 나 자신을 돌아보게 만든다.

상대와의 거리와 지금 내가 서 있는 지점을 알게 되면 가슴의 무거운 짐을 어느 정도 덜 수 있다. 이것도 방법이냐고 버럭 소리 지를 사람도 있을 거다. 고작해야 자기 위안이 아니냐고 말할 수도 있고, 눈 가리고 아옹 하는 거와 같다고 생각할 수 있다. 여기에 제시된 방법은 스스로를 존중하고 사랑하는 가장 원론적인 방법일 뿐이다. 중요한건 각자의 방법으로 마음속에 켜켜이 쌓아둔 묵은 감정들을 정리하는 거다.

나이가 들면서 후회가 쌓인다고들 이야기한다. 하지만 이건 나이와 상관없다.

누구나 후회는 가지고 있다.

살면서 가슴 속에 쌓아둔 수많은 일들이 죽음을 앞에 두고 발목을 잡지 않도록, 그저 좋은 추억이었다고 웃어버릴 수 있도록 만드는 것은 끊임없는 자기 성찰과 돌아보고 정리하는 자세에서 시작된다. 죽음이 아니더라도 돌아서서 언젠가 후회가 되는 일이 될 거라 생각된다면 한 번쯤 돌아서서 '나 정리하기'를 하자. 내 삶에 나 자신이 당당해지기 위해서, 어느 순간 갑자기 찾아온 죽음 앞에서도 당당할 수 있도록 삶은 끊임없는 성찰과 정리로 후회없이 추억만을 쌓기를 바란다.

마침표 찍기

인생의 마지막을 어떻게 마무리 할 것인가. 굉장히 어려운 질문이다. 지금 길을 걷다가도 갑자기 죽을 수 있는 것이 인생인데, 어떻게 인생의 마지막을 쉽게 말할 수 있을까. 그렇기에 우리는 '죽음'에 대해 생각해 봐야 한다.

'내가 바라는 죽음은 무엇인가'에 대해 생각해 본 적 있나?

한국 사람들은 과거보다 미래에, 미래보다 현재에 더 집중한다. 현재를 충실히 살아간다는 것은 좋지만 '만약 미래에 ~ 한다면'이라는 가정에 대해 미리 준비하는 자세는 부족하다. 미래에 대해 논하기보다 현재를 어떻게 살아갈 것인가에 대한 관심이 더 많다. 하지만 살다보면 갑작스럽게 교통사고가 날수도 있고, 생각지도 못한 병이 찾아올 수도 있다.

나이가 많지 않다면 다치거나 병에 걸렸을 때 죽는 사람보다 그것을 극복하는 사람이 더 많다. 하지만 그러한 노력에도 극복하지 못한다면 천천히 죽음을 향해 나아가게 된다. 일상생활이 불가능할 정도로 건강이 나빠지고, 의학의 도움이 많이 필요해지는 시점에 다다르면 우리는 선택을 하게 된다. 이대로 삶을 이어갈 것인가?

우리는 '죽음'에 대해 이야기 하는 것을 금기시 한다.

평소 죽음에 대해 이야기하지 않았기에 막상 그런 상황이 닥치면 머리가 굳어버린다. 마치 죽음이 가지고 오는 무거움에 면역이 없는 사람 같이, 당장 내 가족의 죽음이 눈앞에 있으면 그 사람을 살리는 것만이 유일한 길이 된다. 죽어가는 사람을 살리는 것이 최우선이고, 그 결과가 가져올 파장은 생각하지 못한다. 그 순간만큼은 회생 가능성과 이후 발생할 문제는 논외가 된다. 가족들은 의사의 말에 따라 자신들이 할 수 있는 최선을 다할 뿐이다.

요양보호사로 일할 당시 비위관을 하신 어르신들 방을 담당한 적이 있었다. 스스로 몸을 움직이지도, 말을 하지도 못하는 어르신들은 그저 침상에 누워 숨 쉬는 것만이 스스로 할 수 있는 일의 전부였다. 움직이지 않으니 몸은 굳었고, 안쪽 근육과 바깥쪽 근육의 힘에 따라 팔이 접히고 다리가 굽어진 채로 굳어버린 신체는 매일매일 꾸준히 관리해 주지 않으면 접힌 부분의 피부가 짓물렀다.

어느 어르신은 무엇을 그리도 놓기 싫으신지 두 손을 꼭 쥐고 있어 언제나 손가락 사이사이에 얇은 천을 감아 피부가 짓무르지 않도록 해야 했다. 방안에 말소리라고는 어르신들을 함께 돌보는 옆방 선생님과 내 목소리뿐이었고 '으~'하는 신음만이 어른들이 내는 소리의 전부였다.

정성을 들여 어르신을 모시지만 침대에 가만히 누워있는 어르신들이 정말 행복한지 의문이 들었다. 희끄무레하게 뜬 눈으로 제대로 시선조자 마주치지 못하고 숨만 쉬고 있는 모습이 어떨 때는 답답해 보이기도 했다.

그 어르신들 중 한 분은 보호자가 꽤 자주 왔다. 매번 한 분이 오셨는데 어느 날 몇 명이 함께 방문했다. 어르신을 만나러 들어온 사람은 자주 오던 며느리였고, 그분과 함께 온 다른 분은

바로 간호사와 상담을 요청했다. 무언가 한참 심각하게 이야기
하던 그는 낙담한 표정으로 어르신을 뵈러 생활실로 돌아섰다.

"저 분 누구세요?"

"선생님은 저 방 담당하고 처음 보겠네요. 어르신 아드님이에
요."

"무슨 이야기를 그렇게 심각하게 하세요? 표정이 많이 안 좋
으시던데요."

"어르신 경관식 ─ 비위관으로 제공되는 식사를 이르는 말─
안 할 수 없냐고 물으신 거예요."

여러 가지 이유가 있겠지만, 대부분 스스로 음식물을 삼키기
힘든 상황일 때, 코를 통해 위로 이어지는 비위관을 삽관한다.
고령의 어르신들의 경우 대부분 삼키는 기능이 저하되면 의사
의 진단에 자녀가 동의해서 비위관을 삽관하게 된다.

"그걸 빼면 돌아가시잖아요."

"그 전에 한 번 끼운 비위관은 우리가 마음대로 제거할 수 없
어요."

"왜 갑자기 빼고 싶다는 이야기를 하시는 건지 아세요?"

한숨을 푹 내쉰 간호사는 파일을 정리하면서 간략하게 설명했다.

"형들이 사정이 좋지 않아서 제일 사정이 나은 막내가 돈을 다 내는데 처음 생각하던 것보다 어머니가 너무 오래 사셔서 힘드신가 봐요. 당장 돌아가실 줄 알고 비위관을 했는데 벌써 몇 년째 저러고 계시니 자녀분들도 답답하신 거겠죠."

"비위관하고 오래 사는 분도 있나 봐요?"

"십 년 넘게 사는 분도 있어요. 사람의 몸이 신기한 게 소화 기관만 튼튼하면 공급되는 영양으로 계속해서 살아갈 수 있거든요."

노환으로 삼키는 기능이 떨어졌을 때 비위관을 꽂는 것은 정말 신중하게 생각해야 한다고 말하는 간호사의 얼굴에는 안타까움이 가득했다.

"보통 비위관이 무엇인지 잘 모르니까 의사가 이야기하면 그냥 하자는 대로 하는 보호자가 많아요. 시간은 흐르고 정년퇴직하고 더 이상 돈이 들어올 곳이 없어진 자식들은 비용을 감당하기 힘들게 되죠. 지난번에 비위관을 삽관한 다른층 어른신은 보호자들이 요양원 비용을 감당 못해서 결국 그냥 집으로 모시고 갔잖아요. 가족 중 누구 하나라도 비위관에 대해서 안다면 달라지겠지만, 보통은 잘 모르니까요."

비위관을 하고 있는 어르신들을 돌보는 입장에서도 아무것도 할 수 없는 어르신들이 행복해 보이지 않았다. 아무런 표현을 하지 못하시기에 나 혼자 착각 하는 것일 수도 있겠지만, 자기 몸 하나 마음대로 못하는 상황이 정말 행복할까. 그리고 이런 선택을 한 자식들은 힘들지 않을까. 그런 모습들을 보며 '나는 절대로 비위관을 하지 말아야겠다.' 다짐했다. 그런 내 다짐에 쐐기를 박은 일이 있었다.

고령의 나이로 인해 결국 삼키는 기능까지 저하된 어르신이 있었다. 제일 처음 그분을 봤을 때는 걸어 다니며 이야기도 잘 하셨기에 요양보호사에서 사회복지사로 직업을 바꿔서 재입사 했을 때, 침상에 누운 모습을 보고 가슴이 많이 아팠다. 기력이 쇠해 제대로 거동이 되지 않는 어르신은 의사 표현이 어려울 정도로 건강이 나빠지셨다. 의사는 먹는 것을 제공하려면 비위관을 삽관해야 한다고 말했다. 가족들은 기나긴 의논을 통해 비위관 삽관을 거절했다. 어르신은 비위관 대신 수액을 맞았다. 자녀분들은 번갈아가면서 어르신의 곁을 지켰고 자녀분들의 배웅 속에 어르신은 조용히 눈을 감았다.

치료를 위해서는 반드시 필요한 비위관이지만, 노화로 인한 기능 상실을 대체 하는 역할로서의 비위관은 생과 사를 나눈다. 신체의 모든 기능을 상실하였음에도 소화기관의 상태와 충분한 영양공급이 주는 생명 연장은 건강한 삶에 필요한 걸까.

참 어려운 문제다.

병이나 노환으로 의사결정능력이 없는 경우 스스로 판단을 할 수 없기에 그 선택은 보통 자녀나 배우자에게 넘어간다. 누구도 쉽게 결정할 수 없는 문제라 가족들의 의견은 이리저리 갈리고 큰 소리가 나기도 한다. 단순히 삶과 죽음만이 걸려 있다면 모를까 만약 유산에 대한 문제까지 걸려 있다면 문제는 더 복잡해진다.

아무것도 결정된 것 없이 손안에 떨어진 결정권을 가족들은 어떻게 하지도 못한 채 우왕좌왕할 뿐이다. 이렇듯 나의 의사와 상관없이 가족의 손으로 넘어간 삶과 죽음에 대한 선택은 '내'가 속한 가족에게 큰 영향을 끼친다. 그리고 그 영향은 시간이 흘러도 머릿속에서 떠나지 않는다. 죽음에 대한 선택은 선택의 당사자가 아니라도 가족들의 머릿속에 오랜 시간 남게 된다.

이 일은 우리 가족의 이야기다. 외할머니는 신장이 좋지 않아 병원을 다니셨다. 어느 날 외할머니는 몸이 좋지 않아 바로 대학병원으로 향했다. 그 날 이후, 언제나 반갑게 맞아주시던 외할머니는 의식을 잃은 채 중환자실에서 산소호흡기 하나에 몸을 의지했다. 외할머니를 만날 방법이라고는 정해진 시간에 맞춰서 순서대로 중환자실로 들어가 얼굴을 잠시 보는 것이 전부였다.

짧은 면회 시간동안 면회를 하려는 많은 보호자들이 중환자실 앞을 지켰다. 외할머니가 중환자실에 입원하신 열흘간 나는 딱 한 번 들어갈 수 있었다. 수많은 기기들에 둘러 싸여 기계에 의존해서 숨을 쉬고 계신 외할머니. 고작 며칠 만에 뵙는 것일 텐데 살이 내려 내가 알고 있던 얼굴이 없었다. 눈물이 앞을 가려 아무런 말도 못한 채 할머니의 손만 꼭 쥐고 나왔다. 그리고 그것이 내가 마지막으로 눈에 담은 외할머니의 모습이었다.

그로부터 얼마 지나지 않아 외할머니는 집으로 퇴원해 오셨고 며칠 뒤 숨을 거두셨다. 그 당시 어른들은 아무런 말도 해 주지 않았다. 나는 외할머니의 건강이 회복될 수 없어 병원의 배려로 집에서 임종 할 수 있도록 퇴원 시킨 것으로 알고 있었다.

좀 더 나이가 들고 요양원에서 일을 하게 되면서 외할아버지께서 병원의 만류에도 외할머니를 퇴원시켰다는 것을 알게 되었다. 외할아버지는 중환자실에서 산소 호흡기로 연명하는 것에 회의적이셨다. '이건 죽을 사람 붙들고 있는 것 밖에 되지 않는다.' 하시며 의사들의 반대에도 외할머니를 퇴원시켰다고 했다.

의식 없는 환자, 치료가 불투명한 상태, 중환자실에서 입원하는 동안 발생하는 치료비 등의 상황을 생각하고 결정을 내리기 전까지 얼마나 힘겨웠을까. 처음에는 반발이 컸지만 집안 큰 어른의 결단이었기에 외할머니는 집에서 임종을 맞이하실 수 있었다.

생명과 직결된 선택, 반드시 선택할 필요는 없지만 이렇듯 여러 가지 상황이 선택을 강요할 수 있다. 이는 내가 사랑하는 사람의 죽음을 선택하는 것과 같다.

가족의 손에 죽음의 선택지를 맡기는 것만큼 잔인한 일이 있을까. 사랑하는 이의 죽음을 선고해야 하는 건 무거운 고뇌와 심리적 고통을 강요하는 것이다. 지금도 외할아버지를 떠올리면 외할머니의 마지막을 생각할 때 마다 무슨 생각을 하였을지 가슴이 아린다.

누구도 죽음 앞에서 초연할 수 없다. 돌아올 수 없는 길을 걸어가는 죽음에 관여된다는 것만으로도 무거운 부담감이 가슴을 누른다. 이러한 상황이 반복되면서 사람들은 현실에 맞는 제도의 필요성을 이야기 했고, 그 결과가 바로 [연명의료결정제도]다. [연명의료결정제도]가 만들어지고 법적으로 보장을 받도록 되는 것을 보면서 그때 저 제도가 있었다면 외할아버지께서 좀 덜 힘드시지 않았을까 하는 생각이 든다.

[연명의료결정제도]에 대해 보통 사람들은 별로 관심이 없다. 나이가 많은 어른들은 관심이 있지만 그 역시 한정적이다. 직접 등록을 하러 국민건강보험공단을 방문했을 때, 등록 담당자는 서류 등록을 위해 방문하는 사람의 70% 이상이 노인이고 그 중 70%가 여성으로 정작 여성보다 이른 나이에 사망하는 남성들은 서류작성이 저조하다고 했다.

많은 사람들이 죽음을 생각하는 나이가 되기 전까지 연명의료결정이 '나와 상관없다.'고 생각한다는 것을 단적으로 보여준다. 그만큼 우리는 죽음을 멀게 생각한다. 죽음은 사람을 가리지 않는다.

삶과 죽음에 대한 선택지는 그 무게를 잴 수 없다. 만약 죽음에 대해 어떻게 이야기해야 할지 몰라 어려워하고 덮어두기만 하면 본인이 의사결정 능력을 상실했을 때 결정권을 가족에게 떠넘기게 된다. 하지만 의학기술로 연장된 생명에 대해서는 미리 준비한다면 나의 바람대로 결정할 수 있다.

'나'의 결정을 그대로 따르는 것이 아니라면 죽음을 앞에 둔 이를 위한 가족의 선택은 다양한 이해관계 속에서 깊은 상처가 된다. 죽은 이는 말이 없지만, 남은 가족들이 받은 상처는 상황에 따라 영원히 낫지 않을 수 있다. 나의 죽음이 가족 모두에게 큰 상처로 남는다면 그 또한 못할 짓이지 않나.

외할머니의 죽음에 대해 아무런 말씀도 하지 않으셨던 외할아버지지만 지금도 할머니가 마지막 가는 길에 할아버지에게 가장 큰 상처를 안기고 가신 것 같아 가슴이 아프다.

나이가 몇 살인가는 중요하지 않다. 태어나는 건 순서대로지만 죽는 건 사신 마음이다. 어떻게 죽음을 맞을 것인지에 대해 생각하고 미리 결정해 놓는 것은 '나'뿐만 아니라 '가족'들을 위한 배려다.

연명의료결정제도

연명의료 중단은 '임종 과정에 있는 환자' – 회생 가능성이 없고, 치료에도 회복되지 않으며, 급속도로 증상이 악화돼 사망이 임박한 상태에 있다고 의학적 판단을 받은 환자–에게 심폐소생술, 혈액투석, 항암제 투여, 인공호흡기 착용, 체외생명유지술, 수혈, 혈압상승제 치료와 같은 행위를 하지 않는 것을 말한다. 다만 연명의료를 중단하더라도 통증 완화를 위한 의료 행위나 영양분 공급, 물 공급, 산소의 단순 공급은 중단할 수 없다.

* 비위관 삽관은 연명의료결정제도에 포함되지 않는다. 이 제도는 생명과 직결된 부분을 다루며 비위관은 기본적인 식이 제공에 들어간다.

국민건강보험공단에서 작성한 사전연명의료 의향서

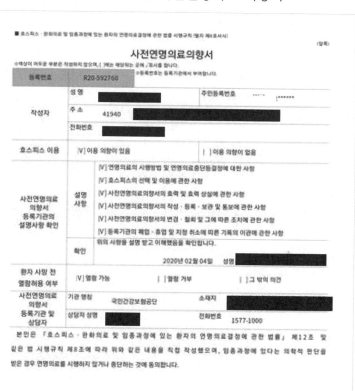

■ 호스피스 · 완화의료 및 임종과정에 있는 환자의 연명의료결정에 관한 법률 시행규칙 [별지 제6호서식]

(앞쪽)

사전연명의료의향서

※색상이 어두운 부분은 작성하지 않으며, [ ]에는 해당되는 곳에 √표시를 합니다.

등록번호	R20-592760	※등록번호는 등록기관에서 부여합니다.

작성자	성명		주민등록번호	····-·
	주소	41940		
	전화번호			

호스피스 이용	[V] 이용 의향이 있음	[ ] 이용 의향이 없음

사전연명의료 의향서 등록기관의 설명사항 확인	설명사항	[V] 연명의료의 시행방법 및 연명의료중단등결정에 대한 사항
		[V] 호스피스의 선택 및 이용에 관한 사항
		[V] 사전연명의료의향서의 효력 및 효력 상실에 관한 사항
		[V] 사전연명의료의향서의 작성 · 등록 · 보관 및 통보에 관한 사항
		[V] 사전연명의료의향서의 변경 · 철회 및 그에 따른 조치에 관한 사항
		[V] 등록기관의 폐업 · 휴업 및 지정 취소에 따른 기록의 이관에 관한 사항
	확인	위의 사항을 설명 받고 이해했음을 확인합니다. 2020년 02월 04일 성명

환자 사망 전 열람허용 여부	[V] 열람 가능	[ ] 열람 거부	[ ] 그 밖의 의견

사전연명의료 의향서 등록기관 및 상담자	기관 명칭	국민건강보험공단	소재지	
	상담자 성명		전화번호	1577-1000

본인은 「호스피스 · 완화의료 및 임종과정에 있는 환자의 연명의료결정에 관한 법률」 제12조 및 같은 법 시행규칙 제8조에 따라 위와 같은 내용을 직접 작성했으며, 임종과정에 있다는 의학적 판단을 받은 경우 연명의료를 시행하지 않거나 중단하는 것에 동의합니다.

작성일		2020년 02월 04일
작성자		
등록일		2020년 02월 04일
등록자		

210mm×297mm[백상지(80g/㎡) 또는 중질지(80g/㎡)]

확인방법	확인방법	
환자의 의사능력(O)	· 사전연명의료의향서 (19세 이상 성인으로 원하는 사람 작성 가능) + 담당 의사의 확인	– 현재 건강 상태와 상관없이 추후 자신이 말기·임종기에 들어섰을 때 연명치료를 받지 않겠다는 의사를 미리 밝히는 취지로 작성하는 문서 * 복지부가 지정한 등록기관 및 국민건강보험공단에서 등록 가능
	· 연명의료계획서 (말기, 임종기 환자 작성 가능) * 의료윤리기관위원회가 설치된 의료기관에서 작성	– 회생 가능성이 없는 말기, 임종기 환자의 뜻에 따라 담당의사가 환자의 연명의료 중단 여부에 대해 계획하는 기록 문서

확인방법	확인방법
환자의 의사능력(×) 평소 죽음에 대한 의사 확인(○)	· 사전연명의료의향서 + 의사 2인의 확인 · 가족 2인 이상의 일치하는 진술 + 의사 2인의 확인 (가족은 배우자와 직계 존·비속, 없을 경우 형제 자매)
환자의 의사능력(×)	평소 죽음에 대한 의사 확인(×) 환자 가족 전원 합의 + 의사 2인의 확인 ※ 미성년자의 경우 친권자인 법정대리인의 결정 + 의사 2인의 확인

※ 연명의료 중단 등의 결정을 할 수 있는 기관은 의료기관윤리위원회 등록이 된 곳만 가능하다.

※환자 가족의 범위
　① 배우자
　② 1촌 이내의 직계 존·비속
　③ 2촌 이내의 존속·비속(①②없는 경우)
　④ 형제자매(①~③없는 경우)

나의 존엄성을 위해 어떠한 죽음을 맞을지 결정했다면 가족들에게 이야기 해 놓아야 한다. 가족에게 이야기 하는 것은 단순히 결정한 것을 '통보한다.'는 의미가 아니다. 내가 생각하는 죽음은 어떤 것이며 내가 그러한 상황이 닥쳤을 때 가족이 내 선택을 존중할 수 있도록 충분한 설명이 필요하다.

일반적으로 나이가 많다면 죽음에 대해 말을 꺼내는 것조차 조심스럽게 된다. '죽음' 그 자체가 금기가 되어버리는 거다. 우리는 나이와 상관없이 길을 가다 갑자기 튀어나온 차에 치이거나, 심장마비로 죽을 수 있다는 사실을 간과한다.

노인복지 관련 일을 하면서 겪은 일들을 집에서 풀어 놓을 때마다 유심히 듣던 어머니는 어느 날부터 본인의 죽음에 대해 이야기하기 시작했다. 어머니는 혼자 독립적으로 살지 못한다면 스위스에 가서 안락사를 하겠다고 말하시며 언제나 '나답게 죽고 싶다.'고 말하신다. [연명의료결정제도]가 생긴 뒤 혹시 모를 병으로 쓰러졌을 경우를 대비해 직접 등록하시기도 했다.

나답게 죽는다는 것은 쉬운 일이 아니다. 더욱이 '나다움'을 유지하면서 죽음을 준비하는 것은 어렵다. 처음에는 왜 말을 하냐 했지만 그 말을 몇 년 동안 듣게 되니 이제는 '그냥 건강하게 살다가 가시도록 운동하고 건강 챙깁시다.'고 대답하게 된다. 그리고 어느 순간부터 나 역시 어떻게 죽을까를 생각하게 되었다. 이것이 바로 가족과 이야기를 나누는 것이 주는 효과 중 하나다. 쉽게 이야기하기 어려운 죽음이지만, 그것에 대해 생각하는 것만으로도 더 열심히 살게 해준다. 평균 나이가 길어진 만큼 오랜 시간을 병원이나 요양원에서 보내야 한다면 너무 끔찍하지 않나.

998823이라고 한다. 99세까지 팔팔(88)하다가 2~3일 아픈 뒤 죽는다는 뜻이다. 누구나 마지막까지 건강하게 살다가 죽기를 바란다. 막연하게 상상하는 것은 그저 뜬구름 잡는 것과 같다. 잊지 말자. 죽음은 누구에게나 공평하다. 나이에 상관없이, 지금 이 순간에도 내게 닥칠 수 있다. 우리 할 수 있는 것은 마지막까지 건강하게 살기 위해 노력하고 죽음이 닥쳤을 때 나의 존엄성을 지켜 편안한 죽음을 맞을 수 있도록 미리 준비하는 것이다.

TIP

사전연명의료의향서는 지정 등록기관에서 신분증을 지참하여 방문하면 작성이 가능하다. 국립연명의료관리기관 홈페이지에서 가까운 위치에 있는 사전연명의료의향서 지정등록기관을 확인할 수 있다. 작성한 사전연명의료의향서는 각 지정등록기관에서 건강보험공단으로 자료를 넘겨서 저장하게 된다.

가까운 곳에 건강보험공단이 있다면 의료시설보다는 건강보험공단을 방문하길 권한다. 사전연명의료의향서는 작성 후 언제든지 변경하거나 철회 가능하며 등록기관에 변경 또는 철회를 요청하면 정보처리시스템에 변경 또는 철회요청을 반영되도록 조치한다.

의향서 등록 후 2~3개월 후에 등록증을 받을 수 있으며 등록증의 소유 여부와 상관없이 등록기관에 등록이 되는 순간부터 의향서의 효력은 발생한다. 등록이 정상적으로 되었는지 확인하고 싶다면 작성 15일 후부터 [국립연명의료관리기관]의 홈페이지에서 아래와 같이 본인 확인 후 조회 가능하다

사전연명의료의향서 본인조회 서비스

● 현재정보보기

[R20-592760] 사전연명의료의향서					상세보기
등록일	2020-02-04	등록기관	국민건강보험공단	등록자	

● 이력보기

[R20-592760] 사전연명의료의향서 등록					
등록일	2020-02-04	등록기관	국민건강보험공단	등록자	

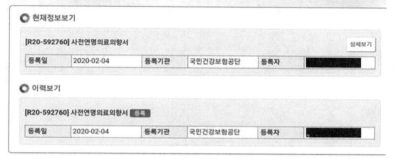

사전연명의료의향서 등록증

성　명	홍길동 (1962.07.15)
등록번호	R12-12345
등록기관	(재)국가생명윤리정책원
등 록 일	2018. 09. 28

국립연명의료관리기관

(보건복지부 제공)©News1

답은 정해져 있고 너는 대답만 해

인생은 끊임없는 선택으로 이어진다. 아침에 밥을 먹을지 안 먹을지 결정하는 아주 사소한 선택부터 결혼을 할지 안할지, 자녀를 낳을지 낳지 않을지 등 인생에 큰 영향을 미치는 선택 역시 스스로 정한다. 우리는 미래를 알 수 없기에 미리 선택지를 만들어 놓는 것이 불가능하다.

선택의 순간이 닥치면 그제야 답을 체크하기 바쁘다. 그것이 옳은지 그른지 알 수는 없지만 적어도 모든 선택의 주체는 '나'다. 옳고 그름을 알 수 없기에 선택의 기로에 섰을 때 충분한 정보를 가지고 있어야 한다. 자, 여기서 우리는 얼마만큼의 정보를 가지고 있어야 하는 가에 대한 의문이 생긴다. 정보는 많이 가지고 있을수록 유리하다. 우리는 미래를 볼 수 없기 때문에 한정적인 정보 속에서 선택지를 고른다. 하지만, 그 한정적인 선택지 중에서도 미리 준비할 수 있는 것이 있다. 바로 '건강'이다. 건강이 나빠지는 것은 어쩔 수 없지만 적어도 예방을 위한 노력은 가능하다. 삶에서 건강을 잃으면 모든 것을 잃는다 말한다. 내 삶에서 가장 중요한 건강에 문제가 발생한다면 '나'를 위해 어떤 정보를 알고 있어야 할까.

첫째, 건강에 문제가 발생하기 전에 가족력에 대해 숙지할 필요가 있다. 암, 치매 등의 가족력이 있으면 그 병에 걸릴 확률은 올라간다. 미국 헐리웃의 유명 여배우 - 안젤리나 졸리-가 유방절제술을 받은 이유가 알려지면서 전 세계가 떠들썩해진 것을 기억한다면 가족력이 얼마나 중요한지 알 수 있다.

두세대에 걸친 가족력과 돌연변이 유전자를 확인한 그녀는 유방암이 생길 확률이 87%라는 분석결과를 받고 유방절제술을 실시했다. 가장 극단적인 예방법이지만, 이 사례에서 보듯 가족력에 존재하는 병이 있다면 미리 병들에 대해 공부해 놓는 것이 예방에 유리하다.

가족이 병으로 고통 받는 시간을 함께 하면서 느낀 괴로움을 또 다시 반복하기보다 건강할 때 예방에 힘쓰면 병의 발생 확률을 줄일 수 있다. 만약 병에 걸린다면 초기 발견으로 빠른 치료를 할 수 있다. 내가 걸릴 수 있는 병에 대해 알고 경계하자.

둘째, 나이가 들면 발생할 수 있는 병들에 대해서는 기본적인 정보를 알고 있어야 한다. 모든 일들이 계획대로 흘러가기는 힘들다. 어느 정도 경계심을 가지고 있다 해도 엉뚱한 병이 나타날 수도 있다. 병이라는 건 언제 어디서 튀어나올지 모르는 장애물과 같다. 특히 평균 수명이 늘어나면서 많은 사람들에게 나타나는 치매, 뇌졸중 등의 장기치료를 요하는 병에 대한 지식은 필수다. 이런 병들은 기본 지식만 있어도 처치할 수 있지만, 제대로 알지 못해 병을 키우는 경우도 많다. 예를 들어 볼까. 혹시 멀쩡한 사람이 갑자기 팔을 잘 못쓰겠다고 말하면서 수저질을 못하는 걸 상상해 본적 있나?

가족 중 한사람이 뇌졸중으로 병원에 입원한 적이 있다. 일반적으로 알려진 뇌졸중 증상 같이 언어마비가 오거나, 어지럼증, 두통을 호소하지 않았고 단순히 팔이 안 좋다고만 해서 저녁 식사 전까지만 해도 상태가 이상하다는 것을 알지 못했다. 저녁 7시가 넘어 식사를 위해 마주 앉았는데 젓가락을 제대로 잡지도 못하는 손이 이상했다.

마치 그냥 그 자리에 있어야 하니까 붙어 있고 덜렁거리는 느낌? 팔꿈치 아래부터 묘하게 안으로 꺾이는 각도에 그제야 심각한 문제가 생겼다는 사실을 깨달았다. 내 눈에 보인 팔의 상태는 뇌졸중 증상이 분명했다.

하지만 정작 본인은 팔에 힘이 좀 들어가지 않아서 그런 거라 이야기 하며 일을 너무 많이 해서 그렇다 했다. 손에 힘이 잘 들어가지 않아 불편하긴 해도 걷고 말하는 데는 지장 없고, 불편해 보이는 손도 주먹을 꽉 쥐지 못할 뿐이지 가볍게는 움직일 수 있기 때문에 큰 병은 아니라고 확신했다.

그 근거로 같이 일하는 사람들도 일찍 들어가서 쉬면 괜찮을 거라고 했다면서 본인은 환자가 아니라고 끝까지 우겼다. 뇌졸중 환자를 많이 접한 나는 '저 증상은 뇌졸중이 맞다.'고 강하게 주장했다. 어머니는 사회복지사로 일한 나의 눈썰미를 믿고 다음날 아침 투덜거리는 아버지를 끌고 병원으로 갔다.

"여기 사진 보이시죠? 이만큼 회색으로 보이는 부분이 뇌세포가 죽은 부분입니다."

뇌경색이었다.

병원에 들어갈 때 까지만 해도 건강을 자신하던 아버지의 영혼은 그대로 몸을 탈출했다. 본인의 건강은 세계 제일이라고 주장하던 사람이 한순간 뇌졸중 환자가 되어 버린 거다. 일반적인 증상이라고는 거의 보이지 않았고, 팔이 마비되었다고 해도 물건을 잘 잡지 못하는 정도이지 완전히 마비된 것도 아니었기에 자칫 잘못하면 그대로 방치 될 뻔했다.

수많은 뇌졸중 환자를 보아왔기 때문에, 크게 심해 보이지 않았음에도 금방 알 수 있었다. 아마 마비된 상태에 대한 지식이 없었다면 뇌졸중이라 병원에 가야 한다고 억지로 우겨서 진료받게 만들기 어려웠을 거다.

내가 알고 있어서 빨리 병을 발견했다고 자랑 하는 것이 아니다. 병에 대해 기본적인 지식을 가지고 있는 만큼 보인다는 걸 말하고 싶다.

기본적이지만 꼭 알아야 하는 지식을 알고 있는 것만으로도 빠른 치료를 받도록 조치를 취 할 수 있고, 치료 경과도 좋을 수 있다. 어떤 병이던 초기에 진료 받는 것이 중요한 만큼 나이가 들면 발생하기 쉬운 뇌졸중, 당뇨, 고혈압 등의 병 증상에 대해 꼭 알아두자.

뇌졸중	– 원인불명의 갑작스런 저림이나 약함, 특히나 몸 한 쪽에만 있는 증상 – 갑작스런 혼란이나 말함 또는 말의 이해의 어려움 – 갑작스러운 한눈이나 두 눈으로 보는 것의 어려움 – 갑작스런 보도의 어려움, 어지러움, 균형 및 협동 손실 – 갑작스럽고 심한 두통	
고혈압	– 대부분의 경우 고혈압에 따른 증상이 없으나 두통, 코피, 어지러움, 안면 홍조 및 피로와 같은 광범위하게 고혈압의 증상으로 오인되고 있는 특정 증상이 우연히 나타나기는 함. – 중증 또는 만성 고혈압을 치료하지 않을 경우 뇌, 눈, 심장 및 신장을 손상(두통, 피로, 메스꺼움, 구토, 숨가쁨 및 불안 등). – 중증 고혈압의 경우 뇌가 부풀어 올라 메스꺼움, 구토, 두통 악화, 졸음, 혼돈, 발작, 졸림, 심지어 혼수상태에 이를 수 있음. * 건강검진을 통해 자주 확인하는 것이 초기 진단에 유리.함	
당뇨병	제1형	– 빈번한 배뇨(소변) – 심한 갈증을 느끼고 물을 많이 마심 – 복통이 있음(특히 소아) – 평소보다 더 많이 먹지만 여전히 체중이 감소함 – 시야가 흐림 – 졸리거나 메스꺼움

제2형		– 빈번한 다량의 배뇨 – 물을 훨씬 더 많이 마심 – 매우 쇠약하거나 전신이 피로함 – 시야가 흐림 – 탈수됨(체내에 충분한 물이 없음)
	당뇨병성 케톤산증 (심각한 당뇨 합병증)	– 과일 같고 아세톤 같은 냄새가 나는 호흡 – 깊고 매우 빠른 호흡 – 메스꺼움 및 구토 – 쇠약하거나 전신이 피로함
초기치매		– 기억력(특히 최근에 있었던 사건에 대한 기억) – 적절한 단어를 발견하고 사용 – 언어를 이해 – 추상적인 사고(숫자를 다룰 때) – 일상적인 과제를 수행(예: 길찾기 및 물건을 놓아둔 위치를 기억하기) – 적절한 판단력 사용
이상지질혈증 (고지혈증)		– 일반적으로 높은 혈중 지질 수치로 인한 증상은 없음. * 건강검진을 통해 혈중 지질 수치 확인 및 관리 필요

셋째, 생활습관과 식습관이 나쁘면 아무리 건강해도 병이 온다. 병원에 입원해서 수많은 검사를 받은 아버지는 완전 건강체였다. 조금 문제가 있다고 나온 결과는 고지혈증이 전부다. 결국 뇌경색이 오게 된 이유는 단 하나, 고지혈증으로 인한 '혈전' 탓이었다. 타고난 건강체라고 언제나 자신만만해 하며 운동은 죽어도 안하고 음주와 흡연을 즐기던 생활 습관이 부메랑이 됐다. 의사는 몸이 건강해도 피를 타고 돌아다니는 혈전이 뇌나 심장의 혈관을 막아버리면 뇌졸중이나 심장마비를 일으킬 수 있다고 설명 했다. 아무리 건강을 챙기라고 잔소리해도 듣지 않던 사람의 말로다.

1. 가족력에 있는 병에 대해 공부하자.
2. 나이가 들면 발생할 수 있는 병들에 대한 기본정보를 숙지하자.
3. 건강을 자신해도 생활습관이 나쁘면 병이 온다.

원하든 원치 않던 병이라는 것은 나이가 들면 찾아온다. 의료기술이 좋은 현대에서 병에 걸려 급사하는 경우는 흔치 않다. 치료가 늦어져 더 힘들게 치료를 받고, 정상적인 생활에 돌아가기 어려워 질 뿐이다. 일상으로 돌아가서 생활하기 위해서는 그 무엇보다 자신의 몸에 대해 충분한 의료적 지식을 가지고 있는 것이 중요하다.

병은 사람을 가려서 오지 않는다.

내가 가진 지식으로 병을 예방한다고 해도 병에 걸리는 것을 완전히 막을 수는 없다. 그렇기에 내가 걸릴 수 있는 병에 대해 알고 병에 걸린다면 어떻게 병과 살아갈지 미리 계획을 세워 두는 것이 좋다.

계획은 크게 2가지로 나눠 놓을 것을 권하고 싶다. 노화가 진행됨에 따라 올 확률이 높은 뇌졸중과 같이 신체적 장애가 발생하는 병과 치매와 같이 기억력 장애가 발생하는 병으로 나눠서 계획을 세워보자.

계획을 세우는 것이 거추장스럽다고 생각하는 사람도 있을 것이다. 보험도 들어 있으니 일이 닥치면 그때 생각해도 될 거라고 안일하게 여길 수도 있다. 병은 그런 안일한 생각을 절대 놓치지 않는다. 만약 뇌졸중으로 쓰러졌는데 언어장애가 왔다고 생각해보자. 주변에서 하는 말은 들리는데 내 의사는 하나도 말할 수 없다. 쓰러지면서 반신불수가 된 몸은 제 마음대로 움직이지도 않는다. 그저 두 눈만 말똥히 뜨고 침대에 누워 있는 거 말고는 할 수 있는 게 없다.

그때는 아무것도 할 수 없다. 모든 결정을 배우자와 자녀의 뜻대로 따라야 한다. 나의 의지와 상관없이 치료계획과 거취, 그 모든 것에 대한 결정권은 내 손을 벗어나게 된다. 하지만 미리 이런 상황을 예상하고 구체적인 계획을 세워 놓으면 내가 원하는 대로 상황을 이끌어갈 수 있다. 자녀들간의 의견 충돌로 발생할 분란도, 만족스럽지 않은 치료도 모두 '나'의 뜻대로 이끄는 것이 가능하게 된다.

미리 준비하려면 어떻게 해야 할까. 계획이라고 해서 거창한 것이라 생각하지 않아도 된다. 여기서 말하는 계획은 병원에서 치료가 끝난 뒤 건강이 완전히 회복되지 않았을 때 어떻게 할 것인지 미리 생각해 보자는 거다. 건강상태 악화로 오랜 시간 병상 생활을 하게 되면 건강이 회복되어도 일상생활에 완전히 복귀하기까지 시간이 걸린다. 이때의 관리가 평생을 좌우한다.

첫째, 신체적 장애가 발생하는 병은 퇴원 후 재활을 중심으로 생각하자. 재활이 필요한 병은 퇴원을 하고 나서부터가 진짜 싸움이다. 실제로 뇌졸중과 같은 질환은 퇴원할 때 병원 의사들이 꼭 이런 말을 한다.

'몸이 조금만 이상해도 병원에 오세요.'

'나는 다른 사람과 달라.'라고 생각하며 퇴원 후 관리를 제대로 하지 않으면 건강이 가는 건 한순간이다. 그만큼 건강을 제대로 관리하지 못해 재발하는 경우가 흔하다. 몸이 정상으로 돌아온 것이 아니니 병원에 다시 실려 가지 않기 위해서는 관리가 중요하다.

재활은 두 가지로 나눌 수 있는데 하나는 생활습관과 식습관을 바꾸는 일상생활패턴의 변경이 있고 또 하나는 운동을 통한 신체단련이다.

우리 몸은 손상된 부위를 다른 부분이 대체 할 수 있게 유기적으로 연결되어 있지만 복잡한 만큼 섬세하다. 보통 병원에서 퇴원하면 치료가 다 끝났다고 생각한다. 그러나 몸속은 내가 생각한 것 같이 완전히 회복되지 못한 상태다.

다친 부분이 복직 없는 파업에 들어가면 다른 부분은 선택 없이 그 역할을 대체하게 된다. 일이 늘어나면 당연히 무리하게 된다. 사람도 무리하면 아프다. 몸속의 세포 역시 같다. 낮에는 일상적으로 생활하더라도 밤만 되면 다친 부분 근처의 뇌세포들은 떠맡은 일을 어떻게 해야 할지 골머리를 앓는다.

낮에 열심히 일한 뇌는 잠을 자는 동안 회복을 위해 움직인다. 수면시간 동안 뇌 속은 죽어버린 세포를 제외하고 남은 세포들로 몸 속 시스템을 운영하기 해 구조조정에 들어간다. 회복을 위해 몸이 조율을 하는 동안 제대로 푹 쉬고 건강을 관리하지 않으면 무리가 된 부분이 탈나거나 더 큰 질병이 생길 수 있다. 이러한 상태에서 식습관은 건강에 직접적인 영향을 준다. 한 번 발병한 뇌졸중의 경우 제대로 관리하지 않으면 2번, 3번 반복적으로 발생할 수 있다. 몸에 좋다고 아무거나 찾아 먹는 것은 추천하지 않는다.

내가 가진 생활 패턴과 식습관을 파악하고 면역력을 높이기 위한 노력이 필요하다. 건강한 생활 패턴과 면역력을 높여주는 식이섭취를 통해 면역을 강화시켜야 한다. 면역력 강화는 단순히 식이만 바꿔서 되지 않는다. 면역력을 키우는 건 왕도가 없다. 몸을 움직여 운동을 하는 것이 최선이다.

운동은 몸이 회복되고 난 뒤 당장 시작할 수 있는 재활 방법이다. 운동을 등한시 하는 사람들이 있는데 장기 입원 환자에게 운동은 선택이 아닌 필수다. 병원에 입원해서 활동량이 줄면 나이에 상관없이 근육이 빠진다. 특히 고령일수록 근육이 빠지는 속도가 빠른데, 60대 이상의 경우 1달만 침대 생활을 해도 걷는 것이 어려울 정도로 근력이 저하된다. 어떤 이유로 병원에 왔던 상관없이 침상생활이 길면 병이 완치되더라도 과거와 같이 활동하기 위해서는 근력을 강화해야 한다.

귀찮아서, 힘들어서 시간이 지나면 괜찮아 질 거라고 낙관하며 몸을 제대로 움직여 주지 않으면 근력이 떨어지고 면역력도 같이 수직 낙하한다. 운동에 알레르기 증상을 보이는 사람들의 대부분은 정해진 시간에 하는 재활운동만 열심히 한다. 물리치료사와 하는 재활만 운동이라고 생각해서다. 하루는 24시간이다. 24시간 중 고작 1시간을 움직여서 재활이 될까?

사람은 끊임없이 움직인다. 사소하게 손가락을 꼼지락거리는 것부터 걸어 다니며 이동하는 것 까지, 다양한 움직임으로 온 몸의 관절을 사용한다. 일반적으로 건강이 나빠져서 움직이기 힘들어지면 운동을 쉽게 포기하는 경우가 많은데 인간의 몸은 그렇게 단순하지 않다. 몸을 활발하게 움직이면 그만큼 심장과 폐가 튼튼해지고 뇌에 전달되는 산소의 농도도 높아지는 만큼 뇌의 회복력에도 도움이 된다.

노인 요양 쪽에서 일을 하다보면 편마비였던 어르신이 완전히 회복되었다는 이야기를 가끔 듣는다. 그런 분들의 공통점은 물리치료만 바라보지 않는다는 거다. 편마비로 몸을 제대로 움직이지 못함에도 병원이 답답하다는 이유로 자녀들을 뿌리치고 혼자 시골로 내려간 어르신이 밭에서 기어 다니다시피 움직여 2년 만에 밭일을 할 만큼 건강이 회복되었다거나 심한 편마비로 활동이 어려웠던 사람이 미친 듯이 자전거 타기에 몰두해서 마비가 풀렸다는 이야기는 일상에서의 활동이 얼마나 중요한지 말해준다.

몸에 마비가 왔다고 해도 뇌의 중요부위가 심각하게 손상되어 재활이 완전히 불가능하지 않다면 몸은 정확한 목표를 가지고 건강을 회복하기 위한 노력을 절대 배신하지 않는다.

둘째, 재활이 어렵다면 건강상태에 맞는 요양이 필요하다. 뇌 손상이 심해서 인지 저하가 왔다거나 신경에 문제가 있다면 재활을 한다고 해도 완전히 좋아질 수 없다. 그에 맞는 도움이 필요하다. 국민건강보험공단에서 운영하는 장기요양보험제도를 통해 등급을 받으면 여러 가지 서비스를 받을 수 있다.

보통 그 서비스의 대상이 '내'가 되었을 때 어떻게 하는 게 좋을지 생각해 보는 사람은 잘 없다. 이런 경우 미리 세워둔 계획이 중요하다. 이때 참고해야 할 사항이 있다. 바로 '요양병원'과 '요양원'의 차이다. 일반적으로 요양병원에 있는 사람이 건강이 더 나쁘다고 생각하는데 실제로는 요양원에 있는 어른들의 건강이 더 나쁘다.

'요양병원'의 핵심은 '치료'이고 '요양원'은 회복이 어려운 어르신들의 '요양'이 핵심이다.

물론 건강이 많이 좋지 않아 꾸준한 의료서비스가 필요한 어르신의 경우 요양원보다는 요양병원에 입원해 있을 수 있으나 대게는 요양병원의 어르신들이 요양원 어르신들보다 건강이 좋다. 요양병원에서 회복이 어렵고 요양이 필요하다고 판단되면 장기요양보험제도를 통해 등급을 받아 여러 가지 서비스를 제공받게 된다.

요양등급은 1~5등급으로 나뉘는데 등급에 따라 이용할 수 있는 게 다르기 때문에, 어떻게 해야 한다는 구체적인 내용은 국민건강보험공단의 장기요양보험의 담당자(국민건강보험공단 대표 연락처 : 1577-1000)와 상담을 통해 안내 받는 것이 정확하다.

장기요양보험 서비스는 크게 재가서비스(가정에 방문해서 제공하는 돌봄 서비스), 주야간보호(낮이나 밤에 제공되는 어르신 돌봄 서비스), 노인요양시설로 나뉜다. 재가서비스나 주야간보호의 경우 집을 오가기 때문에 불편함이 생겨도 어느 정도 감수할 수 있다. 불편한 점이나 서로 맞지 않아 사람을 바꾸거나 시설을 변경하는 것도 그렇게 힘들지 않다. 하지만 집을 떠나 입소하게 되는 요양원은 그곳이 곧 자신의 집이 된다. 이사를 가기 전 꼼꼼하게 알아보고 마음에 드는 곳으로 이사를 가듯 요양원 역시 이러한 순서가 필요하다. 제대로 알아보지 않고 입소한 시설의 서비스가 흡족하지 않다면 생활하는데 불편함을 감수해야 한다.

건강하지 않은 몸으로 불편함을 제대로 표현하기 힘들뿐더러 한 번 들어간 요양원을 변경하는 것도 쉽지 않다. 그러나 내가 선택한 곳에 들어가면 시설에 대한 기본 적인 정보를 알고 있기 때문에 걱정을 덜 수 있다.

또한 시설에 적응하려는 노력을 적극적으로 하게 되고 노력한 만큼 시설에 대한 만족도도 높일 수 있다. 실제로 그런 어르신을 만났던 나는 스스로 결정하는 것이 얼마나 중요한지 알 수 있었다.

어느 날 걸려온 전화 한통으로 한 어르신의 요양원 입소 일정이 잡혔다. 어르신의 입소 일에 맞춰 어르신이 머물 방과 개인이 사용할 물품을 준비했다. 자녀분과 함께 시설에 도착한 어르신은 거동이 불편하셔서 휠체어를 타고 건물 안으로 이동했다.

"○○은 그대로네. 그대로야."

문을 들어서면서 시설을 둘러보시는 어르신의 표정이 환하다. 요양원에 입소하시는 대부분의 어르신은 시설에 들어온다는 사실을 불편해 하시거나, 기력저하, 인지저하로 본인의 상황에 대해 정확히 알지 못하시는 경우가 대부분이었다. 언제나 그런 상황만 보았던 나로서는 어르신의 말씀이 신기했다.
"어르신, 저희 시설 잘 아세요?"
"엄마가 요양원 가려면 꼭 여길 가야 한다고 신신 당부를 해서 이곳으로 왔어요. 건강 나빠지기 전에는 매달 자원봉사를 오셔서 이 시설을 잘 아셨거든요."

"봉사 다니시면서 미리 시설 살펴보신 모양이네요."

"얼마나 칭찬을 하셨는지, 건강 나빠져서 시설 들어가야 한다고 큰오빠가 이야기 하니까 여기 가는 거면 괜찮다고 하셔서 저희도 쉽게 결정했어요."

건강이 나빠지기 전, 미리 본인이 입소 할 시설을 지정해 놓았다는 말이 너무 신선하게 들렸다. 따님은 몇 년 동안 성당 모임을 통해 여러 곳을 봉사 다니면서 시설을 보신 거 같다고 하며 어머니가 직접 선택한 곳이라 적응도 잘 하실 거 같아 안심이 된다 했다. 시설에 모시면서도 불안해하는 다른 자녀들과 달리 어르신이 선택해 놓은 것을 따른다는 사실이 심리적 부담을 줄여주는 것 같았다.

어르신 역시 시설에 잘 적응하셨다. 고령의 어르신들은 대체적으로 단체생활에 대한 경험이 극히 낮다. 일제치하를 거쳐 북한이 쳐들어온 6·25를 지나 폐허가 된 나라에서 자녀를 키우신 어르신들은 학교생활 같은 단체경험이 거의 없다. 한 번도 해본적 없는 생소한 생활방식을 고령에 요양원에서 경험하게 된다. 공동생활에 대한 경험이 적은만큼 시설 생활에 잘 적응하지 못하시는 경우도 가끔 발생한다. 그런 경우 시설에 적응하는 동안 자녀에게 방문을 자제를 부탁드린다.

아이가 엄마에게 떨어져 유치원에 적응하기 위해 시간이 필요 하듯 어른들에게도 그런 시간이 필요한 거다. 하지만, 본인 스스로 선택해서 시설에 들어온 어르신은 그런 적응 기간이 길지 않았다. 본인이 더 적극적으로 노력하셨고 집에 혼자 있는 거 보다 사람 구경하는 시설에 더 좋다 말하시며 오시자마자 친구까지 만드셨다. 어르신은 크게 힘들어 하지 않으시면서 자연스럽게 요양원의 일원으로 녹아들었다. 본인 스스로 선택한다는 것이 얼마나 주요한지 잘 보여주는 대목이다.

우연히 좋은 시설을 알게 되어 입소하게 되는 경우는 매우 낮다. 시설이 만족스럽지 못해서, 서비스가 부실해서, 집에서 거리가 멀어서 등등의 이유로 요양원을 자주 바꾸는 경우가 있다. 처음 입소하는 요양원을 잘 알아보고 들어가지 않으면 분명 착오가 생기고 이로 인해 반복적으로 시설을 이동하게 된다. 자주 이동하게 되면 정작 시설에서 생활하는 당사자는 불안감을 가지게 된다. 심리적 안정을 위해 들어가는 요양원이 오히려 심리적 불안감만 부추기게 되는 거다. 그렇다고 모든 요양원을 직접 가서 일일이 확인할 수는 없다. 정말 요양원에 가야 한다면 어떤 기준으로 시설을 선택해야 할까.

1. 국민건강보험공단 장기요양보험(http://www.longtermcare.or.kr) 홈페이지의 검색서비스에 있는 장기요양기관검색을 통해 높은 등급의 시설을 확인하자. 장기요양보험공단에서는 노인 요양과 관련한 서비스를 제공하는 시설의 등급 평가를 실시하고 정보를 제공한다. 가고자하는 요양 시설을 검색해서 등급을 확인할 수 있다(A~E등급으로 나뉘며 장기요양보험 상담자 말에 따르면 A, B등급의 시설은 사실상 우수 시설로 서류상의 점수로 나뉘었을 뿐, 큰 차이는 없다고 한다).

2. 개인이 운영하는 시설보다 재단법인에서 운영하는 시설인지 살펴보자. 재단법인은 법인운영에 대한 기준을 따라야 하기 때문에 개인이 운영하는 시설보다 기준이 엄격하다. 만약 재단법인이 근처에 없다면 개인이 운영하더라도 먼저 입소한 어르신의 보호자 평가가 좋고 일하는 사람들의 만족도가 높은 곳을 찾아보자.

3. 시설을 직접 방문해서 분위기를 살펴보자. 생활공간의 청결도와 환기 정도, 어르신들의 의복 상태 등을 꼼꼼히 체크하는 것이 좋다. 특히 어르신께 제공되는 음식에 대해 확인해 보길 권한다. 시설에 따라 죽이나 미음을 다양하게 만들어서 식사 때마다 새로운 음식을 제공하는 곳도 있고 죽과 미음을 잔뜩 만들어 놓고 두고두고 제공하는 곳도 있다. 먹는 것만큼 중요한건 없다. 꼭 음식을 확인하자.

4. 요양보호사의 근속기간을 확인해 보자. 장기근속자가 많은 시설이라면 그만큼 요양보호사에 대한 대우가 좋은 곳이다. 일하는 사람은 자신이 받는 대우만큼 좋은 서비스를 제공한다.

위와 같은 기준으로 자신이 갈 곳을 미리 정해 놓고 자녀에게 이야기해 놓기를 권한다. 건강할 때 자녀와 함께 방문해서 확인해 보는 것도 좋다. 병으로 쓰러졌을 때 생길 수 있는 다양한 변수에 대해 자신이 어떻게 생각하고 있는지, 자녀가 어떻게 해주길 바라는지 구체적인 이야기를 하면 그만큼 자녀의 부담도 덜어진다. 이런 시간을 통해 내가 먼저 자녀에게 구체적으로 이야기하면 자연스럽게 소통할 수 있다. 부모 역시 모든 것을 지정해 놓으면 자녀와 거처에 대한 문제로 논쟁을 할 필요가 없어진위와 같은 기준으로 자신이 갈 곳을 미리 정해 놓고 자녀에게 이야기해 놓기를 권한다. 건강할 때 자녀와 함께 방문해서 확인해 보는 것도 좋다. 병으로 쓰러졌을 때 생길 수 있는 다양한 변수에 대해 자신이 어떻게 생각하고 있는지, 자녀가 어떻게 해주길 바라는지 구체적인 이야기를 하면 그만큼 자녀의 부담도 덜어진다. 이런 시간을 통해 내가 먼저 자녀에게 구체적으로 이야기하면 자연스럽게 소통할 수 있다. 부모 역시 모든 것을 지정해 놓으면 자녀와 거처에 대한 문제로 논쟁을 할 필요가 없어진다.

세상의 모든 일들이 원하는 대로 이어지지 않는다. 내가 원치 않아도 상황에 끌려갈 수도 있고, 처음부터 선택지가 없을 수도

있다. 하지만 누구에게 그런 상황이 닥치기 전에 준비 할 기간
이 주어진다. 우리는 그것을 망각하고, 모든 일이 닥쳤을 때에
야 후회하지만 이미 시기는 늦었다. 죽음 앞에 모든 후회가 묻
히듯, 스스로 선택할 능력을 잃어 버렸을 때에는 늦었다.
자식들 불효자로 만드는 것 같아 미안해서, 아직 나는 건강하니
까, 그 모든 말들은 변명에 불과하다.

운전을 해본사람이라면 다들 알겠지만 운전을 할 때 앞서가는
차를 따라가면 운전이 쉽다. 내가 모든 것을 선택하고 나아간다
면 남겨진 가족들은 그 뜻에 따르기만 하면 된다. 나의 결정 하
나로 가족의 분란과 혼란을 줄이고 자신 역시 편안해 질 수 있
다. 자신이 가진 것을 포기하지 말자. 원치 않은 일이 생기지 않
도록 미리 준비하는 것은 내 삶에 대한 권리이자 의무다.

귀찮다고 생각하지 말자.
숨이 끊어지는 그 순간까지도 인생은 '내 것'이다.

인생이 '내 것'이기에 모든 것을 지정하는 것이 좋다는 말은 단
순히 논쟁을 없애기 위한 것만은 아니다. 아무것도 준비해 놓
지 않으면 시설에 입소하는 순간 생활비를 지출하게 되는 자녀

에게 모든 칼자루가 쥐어지게 된다. 나의 의사는 완전히 무시된 채 자녀의 편리에 따라 이리저리 옮겨 다녀야 하거나 자녀가 자주 오기 힘든 먼 곳으로 입소시켜 버릴 수도 있다. 넘어간 공을 다시 되돌리기에는 이미 늦었다. 원치 않는 상황을 만들지 않기 위해서는 반드시 해야 할 일이다.

하지만 이 모든 일들은 쉬운 듯면서도 쉽게 접근하기에는 꺼려지는 일이다. 필요성을 느껴도 적극적인 관심을 가지는 것은 쉽지 않다. 자녀 곁을 떠나 보호를 받는 다는 것에 대한 강한 거부감 때문이다. 실제로 몇 년 전까지만 해도 시설에 모시는 것에 대해 부정적인 시선으로 바라보는 사람들이 많았다. 집에서 어르신을 직접 모시는 것이 최고의 효도라는 생각에서 비롯된 결과다.

과거같이 대가족이 함께 생활한다면 어른을 모시고 사는 것에 어렵지 않다. 고령으로 인한 돌봄이 필요한 경우가 대부분이기 때문에 뇌졸중이나 치매 같은 전문적인 간호가 필요한 경우도 비교적 적은 편이었다. 아직도 집에서 모시는 것이 효라고 생각해서 가족들이 어른을 간호하는 경우가 있다. 그것이 최대의 효라고 믿지만 긴 병에 효자 없다. 집에서 어른을 모시는 경우 가장 길게 모시는 평균 기간이 약 5년 정도라 한다. 5년의 기간 동안 가족들은 힘들게 어른을 봉양하고 어른 역시 전문적인 지식이 없는 가족들의 시행착오를 그대로 경험하게 된다. 환자에 대한 원망이 쌓이고 가족들의 의가 깨지고 결국 모든 것이 나빠지는 상황이 되고 나서야 시설에 어른을 모시고는 진저리치는 경우도 있다. 의료기술의 발달로 고령의 나이를 살아가는 어르신들 대부분이 체위변경, 약물관리, 혈압관리, 혈당관리등의 전문적인 건강관리가 필수다. 요양원이라는 공간이 만들어 진 것 역시 이러한 사회적 요구를 바탕으로 만들어졌다. 가족들에게는 일상생활을 이어나가고 그 대상자는 필요한 서비스를 누리며 인간답게 살아가는 정부차원의 서비스를 누리는 것이다.

한국의 장기요양보험은 일본의 개호보험을 본 따 한국에 적용하면서 일본에서 발생한 여러 가지 문제점을 반면교사 삼았다. 완벽하지 않지만 적어도 시행착오를 줄이는 방향으로 만들어졌다고 할 수 있다. 완벽한 정책은 존재하지 않듯 아직 시행된 지 10여년 남짓 장기요양보험은 부족한 부분이 많다. 정부 보조금으로 운영되는 시설은 봉사정신을 바탕으로 정직하게 운영되는 곳도 있고, 시장경제를 바탕으로 단순히 돈벌이의 수단인 곳도 있다. 정부의 감시가 있어도 한계가 있을 수밖에 없다. 이러한 상황에서 요양원의 생활은 새로운 기로에 서 있다. 의식주 해결에서 한걸음 나아가 심리적 안정에 대해 각자 다른 욕구를 어떻게 만족 시켜야 할지, 노년의 삶에 필요한 것들이 국가가 지정한 틀에 맞춰 현실과 다른 부분을 어떻게 완화시켜 가야 할지 등에 대해 논의되고 있다. 물론 단체 생활을 하는 공간에서 모든 이들의 심리적 상태까지 케어하는 것은 쉽지 않은 일이다. 그러나 그만큼 요양원은 사회적 요구에 맞춰서 끊임없이 변화하고 있다.

언젠가 시설에서 요양하며 마지막을 준비하게 될 수 있다는 사실은 거의 모든 사람에게 적용된다. 요양원에 입소하는 시점은 삶을 정리하는 마지막 지점에 들어선 때다. 그 동안 많은 시간이 존재한다. 요양원에 대한 작은 관심과 적극적인 미래 설계는 사회적 요구에 맞춰 변화하는 시설에 긍정적이 영향을 끼친다. 단순히 죽을 곳을 기다리는 장소가 아닌 노년의 마무리를 아름답게 할 수 있는 생활공간으로 그 가치가 높아지는 거다. 높아진 가치를 누리게 되는 것은 서비스를 받는 모든 이들이 누릴 해택이다. 내 삶의 행복을 위해 삶의 마지막까지 어떠한 삶을 살지 생각하고 계획하는 것. 그것이야 말로 내 삶을 존중하는 가장 큰 방법일 것이다.

최악을 준비하면 차선은 된다

평균 수명이 늘어나고 수많은 병이 생겨났다. 그 중에는 정복된 병도 있고 아직까지 그 원인도 밝혀지지 않은 병도 있다. 이병들 중 무엇이 가장 무섭냐고 물으며 거의 대부분의 사람들 입에서 '치매'라는 단어가 나온다. '다른 병은 수술로 완치를 기대해 볼 수 있지 않냐.'는 철없는 소리에서 나오는 대답이 아니다. 그저, 사람이 가진 가장 근본적인 공포를 건드리는 것을 '치매'가 가지고 있기 때문이다.

배회가 굉장히 심한 어르신이 있었다. 농사를 짓는 자녀와 함께 사는 분이셨다. 심한 치매 증상으로 5번의 실종, 2번의 화재로 집에서는 농사시즌이 시작됨과 동시에 어르신을 시설로 모시게 되었다. 배회하는 치매로 한시도 가만히 있지 못했다. 시설 내부에서도 틈만 나면 밖으로 나가기 위해 선생님들과 눈치 싸움을 했다. 발도 빨라 순식간에 눈앞에서 슝 하고 사라지는 분이라 약간의 문틈만 보이면 쏜살같이 달려갔다.

언젠가는 어르신이 없어서 요양원이 발칵 뒤집어진 적이 있었다. 발이 빠른 분이라 밖으로 나간 거 아니냐고 난리가 났다. 알고 보니 생활실 어느 구석 침대 밑에 웅크리고 숨어 계셨다. 등 뒤에 식은땀 나는 상황이 몇 번 이어지고, 결국 어르신은 행동장애를 감소시키기 위해 대학병원에 신경정신과에 입원하시게 되었다.

입원치료는 꽤 긴 시간이 걸렸다. 석 달이 흐르고, 약물조절이 끝난 어르신은 자녀의 손을 잡고 다시 요양원으로 돌아 오셨다. 당신의 발로 잘 걸어 다니시던 분께서 휠체어를 타고 말이다. 생각지도 못한 상황에 마중을 나간 사람들은 모두 입을 꾹 다물었다.

기운 넘치던 모습은 여전했지만 걷는 방법은 완전히 잊어버린 듯했다. 우리는 다리에 힘을 주는 방법까지 완전히 잊어버린 모습에 병원에 가시도록 한 것이 정말 잘한 일인지 회의가 들었다.

"어머니 가볼게요. 잘 있으세요. 다음에 또 올게요."

"가, 가. 바쁘다."

짤막하지만 제대로 된 대답이 돌아온다. 언제나 본인이 하고 싶은 말만 하고 자녀도 제대로 알아보지 못하시던 어르신이 며느님의 인사에 대답하는 모습이 낯설다. 비록 걷지는 못하지만, 병원 치료 후 자녀들을 제대로 알아보고 옛 이야기라도 나눌 수 있을 만큼 인지상태가 좋아지셨다.

나중에 전해들은 이야기에 따르면 약물 조절을 하면서 기력이 떨어져 침상에서만 생활을 하셨고 그 이유로 걷는 방법을 잊어 버리셨다고 한다. 가족들은 어르신이 아무도 알아보지 못하고 배회하며 실종되었던 과거보다 차라리 걷지 못해도 자신들을 알아보는 지금 상태를 더 좋게 받아들였다. 잊어버릴까 노심초사하지 않고, 자녀의 이름을 부르며 과거 이야기라도 나눌 수 있다는 사실 하나만으로도 매우 기뻐했다. 퇴원 후 면회를 온 다른 가족들 역시 서로 자신의 이름이 뭐냐고 물으며 대화가 가능하다는 사실에 감사해 했다.

모든 기억을 잊어버린 어머니를 바라봐야하는 자녀들의 애타는 심정을 단적으로 보여준다. 기억을 잊어버리는 어머니와 걷지 못하는 어머니, 양자택일을 해야 한다면 '나'를 아는 어머니를 택하는 것은 누구나 비슷할 거다. 잊힘은 공포다. 내가 사랑하는 사람의 기억 속에서 하나씩 하나씩 사라져가는 '나'를 바라본다는 건 그 무엇보다 고통스럽다. 그리고 치매에 걸린 부모를 보며 생각한다.

'나도 언젠가 저렇게 될 수 있다.'

병으로 인해 조금씩 무너져 내리는 부모를 바라보는 자녀가 가지는 공포감을 그 무엇으로 표현할까. 그것이 곧 나에게도 닥칠 수 있는 생각은 치매에 대한 공포를 가중시킨다.

기억을 잃어가는 사람과 기억을 잃어가는 과정을 봐야하는 가족들의 괴로움은 쉽게 피부에 와 닿지 않는다. 경험하지 못한 사람은 이해하기 힘든 감각인건 틀림없다. 단순히 사랑하던 연인에게 사랑이 식었다고 통보 받는 것도 가슴이 찢어질 것 같은 고통을 선사하는데 가장 큰 삶의 기둥인 부모의 기억 속에서 사라져 간다는 감각을 어떻게 이해할 수 있겠나?

우리는 '치매'가 무서운 병이라는 사실을 알고 있지만 '치매'라는 병에 대해 잘 모른다. 치매에 대해 아무리 방송에서 떠들어도 직접 닥치기 전에는 보통 관심이 없다. 직접 걸린 병도 아니고, 주변에 병에 걸린 사람도 없으니 병에 대한 지식을 쌓는 것을 중요하게 생각하지 않는다. 치매가 무서운 병이고 걸리면 온 가족들이 힘들다는 것 정도만 어렴풋이 알 뿐이다. 치매는 건강한 노년을 위해 필수적으로 알아야할 지식이지만 정확히 알기 어렵다. 지식을 갖추고 있다고 해도 정작 그 당사자가 되면 단순 나이 탓으로 생각해서 초기 진단을 놓치는 경우가 많다. 최근에는 다들 경각심을 가지고 내가 치매인지 건망증인지 걱정하며 진단 받는 사람도 있다.

건망증과 치매는 구분하기 어렵다. 그저 소소하게 깜빡 잊어버린다고 생각하며 시간을 흘려보내면 흐르는 시간 속에 기억도 하나씩 사라진다. 소중한 것들이 하나씩 하나씩 사라져 감을 인식하고 내가 잊어버렸다는 사실조차 잊어버리게 되면 어떻게 할 수 없는 무력함과 잊어버린다는 공포로 스스로를 좀먹는다. 헐리웃의 유명배우 로빈 윌리엄스가 죽음을 선택한 사유가 치매로 인한 고통이라고 전해질 만큼 기억을 잃어간다는 것은 죽음에 비유될 공포다.

많은 사람이 치매를 무서워하지만 정작 병에 대한 지식은 단편적이다. 제대로 된 지식이 없기에 치매라는 병을 진단 받으면 막연한 공포심에 단념부터 한다. 병에 대한 공포로 이성적 판단이 흐려진다. 치매라고 해서 당장 모든 기억을 잃어버리는 것이 아님에도 모든 사람들이 일상생활이 불가능하다고 생각하고 24시간 사람이 붙어서 돌봐야 하는 중증환자 쯤으로 여긴다. 막연한 공포와 지식의 부재가 만들어내는 과민반응이다.

누구나 걸릴 수 있는 병 '치매', 우리는 이 병을 어떻게 대비해야 할까.

치매는 '병'이다.

대부분 노화로 인해 치매가 온다고 생각해서 '치매'를 알아차릴 수 있는 사소한 신호를 놓친다. '병'을 '병이 아닌 노화의 일부'로 받아들인 탓이다. 치매에 대한 지식이 없어서 생기는 안타까운 사실이다.

모든 병이 그러하듯 초기진단을 놓치면 치료하기 쉽지 않다. 치매는 다른 병과 비교해도 초기 발견을 놓치면 경과가 절망적이기까지 하다. 마치 도미노 같이 한 번 지워지기 시작한 기억은 되돌릴 수 없다. 손에 잡히지 않는 정신이기에 치매라는 이름의 괴물이 먹어버린 기억은 다시 돌아오지 않는다.

생명을 앗아가는 병과 비교하는 것은 어렵지만 서서히 정신이 죽어간다는 점에서 치매환자 본인 뿐 아니라 그가 속한 가족은 치매와의 싸움에서 병들게 된다. 자신의 기억을 잊어버린다는 절망감과 잊혀져가는 고통을 지켜봐야하는 가족들의 심정을 어떻게 표현할 수 있겠나. 치매는 언제 어떻게 누가 걸릴지 알수 없다. 언제나 경계하고 준비해야 한다.

치매를 이겨내고 상실의 고통과 절망에서 조금이라도 자유롭기 위해서는 무엇을 준비해야 할까. 가장 쉬운 방법은 예방이다. 이 말에 웃을 수도 있다. 예방이라는 그 쉬운 것을 왜 말하느냐고, 그런 말은 누구나 할 수 있다고 물을 거다. 하지만 정말 예방 말고는 방법이 없다.

방송에서 가족력에 치매가 있으면 걸릴 확률이 높다는 이야기를 많이 한다. 과학자들의 연구 결과에 따르면 유전적 문제로 알츠하이머병에 약한 사람도 있다. 하지만 인간의 삶이 정해지지 않은 것처럼 건강 역시 정해진 것은 없다. 똑같이 유전적 약자 위치에 있다 할지라도 얼마나 건강관리를 꾸준히 했는가에 따라 그 결과는 달라질 수 있다. 술을 줄이고 담배를 끊고 머리를 다치지 않도록 조심하고 건강에 좋은 음식을 챙겨 혈관이 깨끗하게 유지될 수 있도록 신경 쓰는 등의 행동이 유전적 요인보다 더 큰 영향력을 미친다.

사실 치매에서 가장 많은 비중을 차지하는 알츠하이머 치매
에 이은 두 번째 치매 원인이 바로 뇌혈성 질환으로 인한 치매
다. 고혈압, 고지혈증 등의 기저 질환으로 뇌졸중 같은 뇌혈관
성 질환이 발생하면 뇌는 치명적인 타격을 입는다. 뇌에 치매가
발생하기 좋은 환경이 만들어 지는 것이다.

  우리의 몸은 단련 할수록 튼튼해진다. 얼굴을 제외한 신체부
위는 나이가 들어도 꾸준한 근력운동과 관리를 통해 신체의 건
강을 유지할 수 있다. 신체 단련을 통해 뇌에 충분한 산소를 가
게 해 주고, 그와 더불어 끊임없이 새로운 것을 익히며 뇌를 단
련하는 것은 치매 예방에 도움을 줄 수 있다. 그러나 예방을 위
해 노력한다고 해서 치매를 100% 예방하는 것은 불가능하다. 만
약 치매 의심증상이 나타난다면 그때부터는 시간싸움이다.

  치매는 얼마나 빨리 진단을 받느냐에 따라 완치가능성 20%,
중증화 지연 50%, 예방 가능 30~40%를 가진다. 치매는 안타깝
게도 예방접종이 있는 것도 아니고 열이 나거나 근육통 등으로
병을 확인할 수도 없다. 건망증과 혼동하기도 쉽다. 병에 걸렸
는지 파악하기 힘든 만큼 병의 유무를 확인하지 못해 시간을 흘
려보내면 그만큼 병은 악화된다. 조금이라도 이상하다는 느낌

이 든다면 망설이지 말고 치매 검사를 받는 것이 좋다.

대한민국은 참 좋은 국가라 '보건소'나 '치매안심센터'에서 만 60세 이상은 무료로 치매검사가 가능하다. 아니, 나이가 젊더라도 조금이라도 미심쩍다면 검사 해보기를 권한다. '설마 내가 걸리겠어?' 라는 안일함에 기회를 흘려보내지 말자.

치과건강검진과 마찬가지로 1년에 한 번 방문해서 꾸준히 확인해 보는 것만으로도 경각심을 가질 수 있다. 보건소과 치매안심센터를 방문하면 내가 모르고 있던 치매에 대한 정보도 알 수 있고 새로운 정보는 나 자신을 되돌아보게 한다. 모든 병이 그렇듯 아주 초기에 발견하는 것만으로도 반은 먹고 들어간다.

치매는 다양한 원인을 가진다. 뇌졸중 같은 뇌혈관 질환으로 치매가 진행 될 수도 있고, 알코올성 치매도 있다. 치매라고 해서 처음부터 치매가 되는 것이 아니라 다른 병으로 인해 뇌가 상처를 입게 되어 치매가 올 수도 있다. 이렇듯 다른 병이 원인이 되어 치매까지 이어지는 경우도 있기 때문에 건강관리가 중요하다. 하지만 관리한다고 해도 치매에 걸리는 것을 완전히 막을 수 없다. 그렇기에 치매는 이른 진단과 관리가 중요하다. 사람들은 고혈압, 당뇨 같은 병들은 겁도 내지 않고 꾸준히 관리하며 된다고 이야기 한다.

합병증이 무섭기는 하지만 대체로 병 자체는 무서워하지 않는다. 치매 역시 이 병들과 마찬가지로 꾸준히 관리해야 한다.

치매예방을 위한 9가지 제언

1. 손과 입을 바쁘게 움직여라

손과 입은 가장 효율적으로 뇌를 자극할 수 있는 장치이다. 손놀림을 많이 하고, 음식을 꼭꼭 많이 씹자. 치아가 없는 사람이 치아가 있는 사람보다 치매에 더 잘 걸린다는 연구 결과가 있다. 치아로 음식을 씹으면서 뇌의 혈액 순환과 신경자극이 촉진되어 뇌 건강을 유지 할 수 있다. 손은 제 2의 뇌다. 아이들의 두뇌 발달을 위해 손을 많이 사용하는 것과 같이 성인이 되고 난 뒤에도 악기 연주나 뜨개질 등을 통해 손을 많이 움직이면 뇌에 자극에 도움이 된다.

2. 머리를 써라.

활발한 두뇌활동은 치매 발병과 진행을 늦추고, 증상을 호전시킨다. 아무리 어려운 일이라도 평생 해 왔던 일이라면 효과가 없다. 한 번도 해 본적 없는 일, 계속 생각하면서 방법을 고민해야 하는 종류의 두뇌 사용이 효과적이다.

3. 담배는 당신의 뇌도 태운다.

흡연은 만병의 근원으로 뇌 건강에 해롭다. 담배를 피우면 치매에 걸릴 위험이 안 피우는 경우에 비해 1.5배나 높다.

4. 과도한 음주는 당신의 뇌를 삼킨다.

과도한 음주는 뇌세포를 파괴시켜 기억력을 감퇴시킨다. '필름이 끊긴다.'는 말은 단순히 정신을 잃는 것이 아니라 뇌를 알코올에 담가 순간적으로 치매와 같은 상태가 되는 것이다. 반복적인 과도한 음주는 알코올성 치매를 유발할 수 있다. 또한 치매의 원인인 고혈압, 당뇨병 등의 발생 위험을 높인다.

5. 건강한 식습관으로 편식 없이 골고루 영양을 섭취하자.

짜고 매운 음식은 치매의 원인이 되는 고혈압, 당뇨병 등의 발생 위험을 높인다. 현대인들의 입맛은 짜고 매운 음식에 길

들여져 있으므로 조금 싱겁게 먹는 습관을 가지자. 신선한 야
채와 과일, 특히 호두, 잣 등 견과류와 오메가-3가 풍부한 생선
은 뇌기능에 좋으므로 이러한 식품을 섭취하자.

치아가 좋지 않아 고기류의 섭취를 꺼리는 경우가 있다. 나이
가 들면 근육 감소로 인해 단백질 요구량이 더 늘어난다. 고지
방의 육류가 아닌 살코기를 매일 조금씩 섭취가 필요하다.

6. 몸을 움직여야 뇌도 건강하다.

적절한 운동은 신체적·정신적 건강에 좋다. 운동을 통해 몸에
가장 중요한 산소와 혈액을 골고루 보낼 수 있다. 이를 통해 치
매의 원인이 되는 고혈압, 당뇨병, 고지혈증 등을 예방하고 증
상을 호전시킨다. 자신의 몸 상태에 맞는 운동을 찾아서 일주일
에 2회 이상, 30분이 넘게 땀이 날 수 있도록 운동하되 몸에 무
리가 가지 않도록 꾸준히 하는 것이 중요하다.

7. 사람들과 만나고 어울리자.

사람들은 나이가 들어가면서 외로움을 느끼기 쉽다. 고립감은
쉽게 우울증을 유발하고 우울증이 있으면 치매에 걸릴 위험이
3배나 높아진다. 봉사활동이나 취미활동 등에 적극적으로 참여
하고, 혼자 있지 말고 사람들과 어울려 우울증과 외로움을 피하

자. 사회적 상호작용을 포함한 인지적 자극은 치매의 위험을 줄여주고 노년의 삶에 활기를 준다.

8. 숙면을 취하자.

밤에 잠을 잘 자면 멜라토닌이 적절히 분비돼 아밀로이드반이 생성되는 것을 방지한다. 멜라토닌은 아밀로이드반을 제거하지는 못하지만, 장기적인 관점에서 예방을 위해 꼭 필요하다. 같은 시간에 잠자리에 들어 7시간 이상 숙면을 취해야 한다.

9. 충분한 수분을 섭취하자

사람의 몸의 80%는 수분으로 이루어져 있다. 나이가 들면 몸속의 수분이 줄어든다. 수분 섭취가 저조하면 피부가 마르고 그 다음으로 장기의 수분이 줄어든다. 충분한 수분이 제공되지 않으면 장기에 크고 작은 질환이 발생한다. 이러한 상황에도 수분이 충분히 공급되지 않으면 뇌가 아프기 시작한다. 몸의 수분 고갈로 뇌 관련 질환을 앓는 이들이 많은 것이다. 실제로 치매 환자에게 충분한 수분섭취를 권하지만 물을 마시는 것을 싫어해서 약을 먹을 때 외에는 물을 전혀 마시지 않는 사람들도 있다. 매일 충분한 수분을 섭취하면 치매 뿐 아니라, 당뇨, 고혈압 등도 예방할 수 있다.

초기 발견이 중요하고 발견한 이후 치매가 악화되지 않도록 관리를 잘 한다면 일상생활이 가능하다. 영화나 드라마에서 보는 것과 같이 순식간에 치매가 진행되는 건 젊은 나이에 치매가 온 경우가 많다. 대부분은 약물 복용과 규칙적인 생활 등을 통해 치매의 진행을 지연시킬 수 있다. 이미 많이 진행된 상태에서는 지연은 의미가 없다. 예방이 중요한 이유다.

치매에 걸리고 난 뒤에는 어떻게 관리를 하는지 중요하다. 아주 초기, 치매 진단 전단계인 경도인지장애 진단을 받았다면 일상생활을 유지하는 것이 좋다. 치매에 걸렸다고 당장 어떻게 되는 것은 아니다.

가족들이 걱정에 불안에 떨면 당사자는 더 불안해 진다. 불안감은 스트레스를 주고 스트레스는 뇌에 부담을 줘서 상태를 더 나빠지게 할 수 있다. 잊지 말자. 치매 진단을 받는 순간, 기억을 잃어간다는 사실에 극도의 스트레스를 받고 혼란스러운 것은 본인이다. 인정하기 어렵다고 손 놓고 아까운 시간을 흘려보내지 않도록 가족들의 지지가 필요하다. 가족들의 지지는 단순히 괜찮다고 말하는 것이 아니라 어른이 직접 할 수 있는 것은 할 수 있도록 해 주는 배려가 기반이 되어야 한다. 이러한 배려

속에서 진단을 받은 본인 역시 능동적으로 병에 대처하는 자세가 필요하다.

치매를 진단 받게 되면 누구나 그렇듯 처음에는 부정하게 된다. 죽음을 받아들이는 5단계(부인→분노→타협→절망→순응)와 비슷하게 치매를 받아들이는 것 역시 스스로 인정하기 전까지 심한 감정 기복을 느끼게 된다. 기억을 잃기에 치매 선고는 죽음을 선고 받은 거나 다름없다고 생각하는 사람들이 많다.

공포와 분노는 자연스러운 것이다. 다만 여기서 중요한 것은 공포와 분노로 허비하는 시간이 짧을수록 빠르게 병의 진행을 늦출 능동적 대처가 가능하다는 점이다. 치매 선고를 받았다고 해서 바로 세상이 무너지지 않는다.

지금 내가 가지고 있는 것이 무엇인지 파악하고 최대한 병에게 빼앗기지 않기 위해 노력해야 한다. 현재의 인지기능을 유지할 수 있도록 치매안심센터 등에서 제공하는 프로그램에 참여하고, 그곳에서 배운 것들을 집에서도 꾸준히 할 수 있도록 함께 치료에 동참하자.

이런 활동에서 가장 중요한 점은 적극적인 자세로 얼마나 열심히 참여하느냐이다. 치매에 맞서는 나의 의지가 그만큼 중요하다.

치매 진단을 받고 나면 일상생활은 정해진 시간에 맞춰서 하길 권한다. 제시간에 맞춰서 식사를 하고 약을 챙겨 먹고 정해진 일정으로 하루를 보내는 것이 좋다. 별것 아닌 것 같지만 이런 생활은 매우 중요하다. 이유는 간단하다. 기억력이 사라지고 있는 사람에게 일상을 몸으로 익히게 만들기 위해서다. 실제 요양원에 입소하고 어르신의 인지 상태나 기억력이 좋아지는 경우가 있다.

드라마틱하게 좋아지는 건 아니지만 안정적인 모습을 보여서 자녀들이 기뻐하는 모습을 볼 수 있다. 치매가 진행되면서 폭언, 폭력을 하던 모습이 사라지고 안정적인 모습을 보이고 자녀를 알아본다는 그 사실 하나 만으로도 가족들은 크게 반긴다. 왜 요양원에 들어가면 안정적인 모습을 보이는 사람들이 있을까. 이유는 간단하다. 요양원은 하루 24시간 365일이 같은 순서로 반복된다. 같은 시간에 일어나 같은 시간에 밥을 먹고 똑같은 하루를 보내고 하루를 마무리한다.

똑같이 반복되는 일상은 기억을 잊어버리는 사람에게 안정을 준다. 그래서 보통 요양원은 어르신이 처음 지내게 된 방에서 방을 잘 옮기지 않는다. 그곳이 내가 지내는 방이라는 것을 인지하고 몸이 기억할 수 있도록 배려하는 거다. 몸에 익은 일상은 몸이 기억하는대로 자연스럽게 이어지고 이는 편안함으로 이어진다. 심리적 안정은 신체에 영향을 미치고 이것이 어르신을 안정적이게 만든다.

심리적으로는 안정 될 수 있도록 함과 동시에 치매에 걸린 어른을 아이 취급하는 일이 발생하지 않도록 하는 것이 중요하다. 치매에 대해 극단적인 것들만 알고 있는 사람들의 경우 치매환자는 혼자 활동하는 것이 불가능하다고 생각하고 모든 것을 다 해주려고 하는 경우가 있다. 여기서 사람들은 실수를 한다.

이미 성인인 사람을 아이 취급한다면 누가 좋아하겠나? 치매를 앓고 있다고 해도 초기라면 본인 스스로 할 수 있다. 최대한 본인이 스스로 할 수 있는 일은 직접 하도록 하여 잊어버리지 않도록 해주는 것이 중요하다. 본인 스스로 직접 하지 않으면 잊어버릴 수 있다는 사실을 기억하자.

불안하면 옆에서 지켜보는 것으로도 충분하다. 잊어버렸기 때문에 모른다고 생각하고 어린아이 취급하는 순간 상대에게 반발심을 심어줄 수 있다.

상대가 어른이라는 사실을 잊지 말자.
살아온 세월동안 몸에 익은 것들은 쉽게 사라지지 않는다.

중경증 치매 어르신들과 진행한 요리 프로그램을 할 때 요리
하는 모습에 놀란 적이 있다. 몸에 익은 요리 솜씨들은 기억을
잃어도 사라지는 것이 아니라서 조리 기구들을 능숙하게 다뤘
다. 요리프로그램 중 '김장' 때는 언제나 무엇을 해도 어설프던
어르신조차 야무지게 배추 속을 채워 넣으시는 모습에 몸에 익
은 일들은 쉽게 잊혀 지지 않는다는 것을 확인할 수 있었다.

전기 프라이팬으로 전을 붙일 때도 반죽의 비율부터 얼마나
구워야 하는 지까지 어른들의 매서운 눈빛은 작은 것 하나도 놓
치지 않았다. - 반죽을 할 때 물이 많다는 어르신 말 듣지 않고
괜찮다고 우겼다가 반죽이 질어져서 잔소리 융단폭격을 들었
다. - 이렇듯 몸에 익은 것들은 기억을 잊어도 그대로 남아 있
다. 몸에 익은 것들을 계속 사용하실 수 있도록 하는 것이 잊혀
져가는 기억을 붙잡는데 좋은 길잡이 역할을 한다.

치매 초기에는 이렇듯 상태를 유지할 수 있도록 충분한 활동을 지지하는 것이 중요하다. 이와 함께 치매를 발견하고 누가 간호를 할지, 병이 진행되면 어떠한 방법으로 돌볼지에 대한 가족 간의 깊은 대화도 필요하다. 치매는 치료가 어렵기 때문에 평생 안고 가야 하는 병이라는 것을 인정하고 병의 진행에 따라 어떻게 하는 것이 좋을지 미리 결정해 놓기를 권한다. 한사람이 치매에 걸린 환자를 책임지게 만드는 것만큼 무책임한 일은 없다.

치매 환자 역시 기억을 잃어가는 대로 무력하게 끌려가기보다 적극적인 자세를 가지자. 치매라고 해서 당장 모든 것을 잃고 침상에 드러누워 죽을 날만 기다리지 않는다. 깜빡깜빡 하면서 조금씩 기억을 잃어가지만 적어도 초기에 발견해서 관리하면 적어도 내가 무엇을 해야 할지 판단 할 수 있다. 치매 따위에게 모든 걸 넘기기에는 지금까지 살아온 삶이 아깝다. 소중한 내 삶은 내가 결정 할 권한이 있다.

치매가 진행됨에 따라 어떤 도움을 받을지, 병의 진행 정도에 맞춰 재가서비스를 받을지 요양원을 갈 지까지 모든 부분을 본인이 정하자. 선택지를 가족에게 미뤄 두면 그 또한 큰 짐이다. 누가 대신 인생을 살아주지 않는다는 것을 확실히 인지하고 모든 것에 대한 결정을 스스로 하는 것이 가장 만족스러운 선택을 하는 방법이다.

치매 진단을 받아도 약을 꾸준히 먹으면서 적극적으로 다양한 활동에 참여하는 것이 좋다. 다양한 활동은 현재의 상태를 유지하는데 좋은 자극이 된다. 보건소, 치매안심센터 등에서 제공하는 다양한 프로그램을 찾아서 참여하는 적극성으로 본인의 주변에 있는 서비스를 적극적으로 활용하는 것이 좋다. 치매는 병이다. 몸을 사용하지 않으면 관절이 굳는 것처럼 병을 예방하려면 뇌 역시 열심히 운동해 줘야 한다. 뇌기능을 유지하는 것에는 다양한 요소가 작용하지만 가장 크게 기여하는 것은 앞에서 언급한 것과 같이 '학습'이다.

요양원에서 매년 실시하는 치매 검사의 결과지를 보면 치매에 걸린 어르신을 보면 문맹으로 글을 읽지 못하는 어르신에 비해 교육의 수준이 높은 어르신이 치매 진행이 조금 느리다. — 문맹이기 때문에 치매에 대한 판별력이 떨어질 수도 있다.— 실제로 과학자들이 연구한 결과에 따르면 교육을 받지 못한 사람들이 정규 교육을 받은 사람들에 비해서 치매에 걸릴 확률이 약 두 배 가량 높다고 한다. 여기서 '공부'는 단순히 내가 늘 하던 익숙한 것을 의미하기보다 '새로운 것을 익히는 것'을 의미한다. 알고 있는 사실을 반복하는 것은 뇌를 사용하는 부위 역시 고정

된다.

새로운 정보를 학습하게 되면 그만큼 뇌는 다양한 부분을 활성화 시켜서 움직이고 이것이 바로 뇌를 '운동'시키는 것이 된다. 치매 진단을 받은 사람들에게 치매안심센터나 보건소에서 여러 가지 프로그램을 제공하는 것도 이러한 맥락이다. 어떤 일이든지 좋다.

적극적인 자세로 배워보자.

시를 외운다거나 책을 읽고 감상문을 쓰는 등의 활동을 하자. 잘 외워지지 않아도, 많이 읽지 못해도 괜찮다. 꾸준히 머리를 사용하는 활동을 반복적으로 하는 것이 중요하다. 이미 치매를 진단 받았다고 절망하기보다 열심히 머릿속을 운동시켜서 현재 상태를 유지시키는 것에 집중하는 것이 좋다.

'생명'을 담보로 병마와 싸우 듯 치매도 '기억'을 담보로 싸우는 것이다. 내가 가진 소중한 기억을 노력도 해보지 않고 빼앗기기는 너무 억울하다. 할 수 있는 모든 것을 동원해서 현재의 나를 유지할 수 있는 노력이 필요하다.

치매는 정말 무섭다.

죽음에 이르는 다른 병과 다르지만 죽음보다 더 큰 것을 우리에게서 앗아 간다. 누구나 잘 알 듯 인간은 사회적 동물이다. '사랑'의 반대말을 '미움'과 '증오'가 아닌 '무관심'이라고 표현할 만큼 사회 속 관계를 중요시 한다.

치매는 사람과 사람 사이에 이어진 '기억'이라는 끈을 좀 먹는다. 처음에는 가벼운 것들을 잊고, 최근 기억을 잊는다. 사랑하는 배우자와 가족들의 기억이 흐려지고 결국에는 나 자신까지 잊어버린다. 인간은 기억에서 잊히는 순간 죽는다고 한다.

처음에는 머릿속에 있는 최근의 기억들이 사라지고 점점 옛날 기억들이 잊혀 진다. '나'의 세상 속에서 내게 가장 소중한 것들이 '치매'라는 병마에게 살해당한다. 눈뜬 채 내 세상 속 소중한 것들을 하나씩 하나씩 빼앗는다.

모든 것을 잊은 이가 그것이 무엇인지 알겠나. 치매의 당사자만 치매에게 지금까지 꾸려온 세상을 하나씩 빼앗기고 무너지는 건 아니다. 배우자와 자녀들은 사랑하는 사람의 머릿속에서 '나'라는 존재가 사라져 존재하지 않게 됨을 바라보게 된다.

마지막까지 아무것도 남지 않은 폐허를 포기하지 못하는 건 날 기억하고 사랑하는 '나의 가족'이다. 종국에는 치매로 지친 가족들이 손을 놓아버리는 경우도 발생한다. 치매는 나뿐만 아니라 내 가족까지 망가뜨려 '나의 모든 것'을 무너뜨린다.

사람은 누구나 태어나서 '처음'을 살아간다. 어른이 되는 것도 처음이고 나이를 먹어 노인이 되는 것도 처음이다. 한 번도 해본 적 없는 것을 하는데 잘 하는 건 어렵다. 인생 2회 차라면 내 미래를 미리 대비하겠지만, 해본 적 없으니 준비도 어렵다.

너무도 뻔한 이야기를 늘어놓았다고 할지 모른다. 원론적인 이야기 외에는 치매 예방을 할 수 있는 방법은 없다. 그저 미리 준비하는 것 만이 최선이다. 치매는 누구나 걸릴 수 있다. 예방하기 위해 노력해도 걸리지 않는다는 보장이 없다.

그렇기에 누구나 그 병에 걸릴 수 있다는 사실을 잊지 말고 준비해야 한다. 최악을 가정하고 준비하면 치매가 가지고 오는 최악의 상황은 피할 수 있다. 조금이라도 빨리 병을 발견해서 치료하면 빨리 치료할 수 있듯 최악을 가정해서 준비하고 치매에 대비한다면 적어도 병에게 끌려가지 않을 수 있다.

병의 진행이 본인의 예상과 다를 수는 있겠지만 내 삶에 능동적으로 대처하면 최악은 피할 수 있다. 인생에서 언제나 최고의 선택을 하기는 어렵다. 그렇다면 차선의 선택이 필요하다. 치매 역시 마찬가지다. 안 걸린다는 최선의 선택을 할 수 없다면 걸렸을 때 어떻게 할지에 대한 차선이 필요하다.

　치매를 고혈압과 당뇨같이 안고 살아야 한다면 내 삶을 절망에 빠지지 않도록 철저하게 준비하자.

부록

사전연명의료의향서 등록기관 지정현황(20.04.27)

*국민건강보험공단 각 지사 외의 기관

지역	등록기관	주소	전화번호
서울	(사)사전의료의향서실천 모임	서울특별시 성북구 보문로 121(보문동2가)	02-2281-2678
	(사)희망도레미	서울특별시 서대문구 통일로 107-39	02-393-9987
	(재)국가생명윤리정책원	서울특별시 중구 남대문로 113	1855-0075
	(학)가톨릭대학교서울성 모병원	서울특별시 서초구 반포대로 222	02-2258-8152
	가톨릭대학교 여의도성모병원	서울특별시 영등포구 63로 10	02-3779-2552
	각당복지재단	서울특별시 종로구 경희궁1길 29	070-7166-5583
	강동경희대학교병원	서울특별시 강동구 동남로 892	02-440-6100
	대한불교조계종불교여 성개발원	서울특별시 종로구 우정국로 45-13	02-722-2101
	더불어내과	서울특별시 광진구 긴고랑로 41	02-469-7577
	멋진인생웰다잉	서울특별시 강동구 천호대로 1186(둔촌동)	070-7372-1144
	사단법인 누가선교회 누가한의원	서울특별시 중구 을지로14길 12	02-2264-0404
	사단법인웰다잉시민 운동	서울특별시 중구 서소문로 116	02-777-0204
	살림의료생협살림의원	서울특별시 은평구 서오릉로 149	02-6014-9949
	삼성서울병원	서울특별시 강남구 일원로 81	02-3410-1060
	삼육서울병원	서울특별시 동대문구 망우로 82	02-2210-3419
	서울대학교병원	서울특별시 종로구 대학로 101	02-2072-3066

지역	등록기관	주소	전화번호
	서울아산병원	서울특별시 송파구 올림픽로43길 88 (풍납동)	02-3010-1106
	서울 은평구 보건소	서울특별시 은평구 은평로 195	02-351-8262
	서울특별시중구보건소	서울특별시 중구 다산로39길 16	02-3396-6405
	연세대세브란스병원	서울특별시 서대문구 연세로 50-1	02-2228-4301
	이대의대부속목동병원	서울특별시 양천구 안양천로 1071	02-2650-2654
	이대 의과대학부속서울병원	서울특별시 강서구 공항대로 260	02-6986-3242
	한국메멘토모리협회	서울특별시 송파구 백제고분로 469(방이동)	02-3392-4120
	한국보훈복지의료공단 중앙보훈병원	서울특별시 강동구 진황도로61길 53	02-2225-4698
	한국원자력의학원	서울특별시 노원구 노원로 75	02-970-2100
	행복나눔 가피봉사단	서울특별시 종로구 우정국로 45-19	02-768-8669
경기도	(사)호스피스코리아	경기도 성남시 분당구 돌마로 80	031-718-5585
	가톨릭대학교 성빈센트병원	경기도 수원시 팔달구 중부대로 93	031-249-7165
	용인시 기흥구 보건소	경기도 용인시 기흥구 신갈로58번길 11	031-324-6227
	경기도의료원 수원병원	경기도 수원시 장안구 수성로245번길 69	031-888-0175
	고양시일산동구보건소	고양시 일산동구 중앙로 1228	031-8075-4831
	광명시 보건소	경기도 광명시 오리로 613	02-2680-5536
	국립암센터병원	경기도 고양시 일산동구 일산로 323	031-920-1158
	국민건강보험공단 일산병원	경기도 고양시 일산동구 일산로 100	031-900-0100

지역	등록기관	주소	전화번호
	근로복지공단 안산병원	경기도 안산시 상록구 구룡로 87	031-500-1771
	느티나무의원	경기도 구리시 건원대로 36	031-555-8004
	로아신경과의원	경기도 성남시 분당구 성남대로 168	031-718-6700
	부천 소사보건소	경기도 부천시 경인옛로 73	032-625-4253
	부천 오정보건소	경기도 부천시 성오로 172	032-625-4354
	부천시보건소	경기도 부천시 옥산로10번길 16	032-625-4194
	분당서울대학교병원	경기도 성남시 분당구 구미로173번길 82	1588-3369
	사단법인 하이패밀리	경기도 양평군 서종면 잠실2길 35-43	031-772-3223
	세계로요양병원	경기도 파주시 경의로1240번길 39	031-932-4200
	순천향대학교부속부천병원	경기도 부천시 조마루로 170	032-621-5806
	용인시 수지구보건소	경기도 용인시 수지구 포은대로 435	031-324-8913
	용인시 처인구보건소	경기도 용인시 처인구 중부대로 1199	031-324-4914
	의료법인아가페의료재단시티병원	경기도 의왕시 오전천로 29	031-340-2235
	의료법인일심의료재단우리병원	경기도 포천시 소흘읍 호국로 661	070-5137-7039
	의료법인효산의료재단안양샘병원	경기도 안양시 만안구 삼덕로 9	031-467-9197
	의왕시보건소	경기도 의왕시 오봉로 34	031-345-3517
	평택호스피스	경기도 평택시 평택5로 65	031-691-0675
	포천시보건소	경기도 포천시 포천로 1612	031-538-3631
	효산의료재단지샘병원	경기도 군포시 군포로 591	031-389-3123
	힐링웰요양병원	경기도 남양주시 호평로46번길 14	031-595-0055

지역	등록기관	주소	전화번호
인천 광역 시	가톨릭대학교 인천성모 병원	인천광역시 부평구 동수로 56	032-280-6089
	인천사랑병원	인천광역시 미추홀구 미추홀대로 726	032-457-2130
	대한호스피스 웰다잉협회	인천광역시 남동구 호구포로 808	032-471-4311
	부평세림병원	인천광역시 부평구 부평대로 175	032-509-5459
	인천 부평구 보건소	인천광역시 부평구 부흥로 291	032-509-8224
	인천광역시의료원	인천광역시 동구 방축로 217	032-580-6552
	의료법인루가의료재단 나은병원	인천광역시 서구 원적로 23	032-580-9454
	검단탑병원	인천광역시 서구 청마로19번길 5	032-590-0300
	의료법인나사렛의료 재단나사렛국제병원	인천광역시 연수구 먼우금로 98	032-899-9527
강원도	한림대학교부속 춘천 성심병원	강원도 춘천시 삭주로 77	033-240-5436
	효제요양병원	강원도 홍천군 홍천읍 번영로 69	033-434-4111
	화천군보건의료원	강원도 화천군 화천읍 강변로 111	033-440-2834
	철원군보건소	강원도 철원군 갈말읍 군탄로 16	033-450-4578
	인제군보건소	강원도 인제군 인제읍 인제로140번길 34	033-460-2245
	아라웰다잉연구회	강원도 동해시 동굴1길 4-3	033-534-8788
	삼척의료원	강원도 삼척시 오십천로 418	033-570-7469
	속초의료원	강원도 속초시 영랑호반길 3	033-630-6041
	기쁨가득사회적협동 조합	강원도 강릉시 금성로31번길 3	033-646-9669

지역	등록기관	주소	전화번호
강원도	원주의료복지사회적 협동조합	강원도 원주시 중앙로 83	033-744-7573
	원주의료원	강원도 원주시 서원대로 387	033-760-4622
충청 북도	서원보건소	청주시 서원구 사직대로 227	043-201-3220
	상당보건소	충청북도 청주시 상당구 남일면 단재로 480	043-201-3144
	청원 보건소	충청북도 청주시 청원구 오창읍 과학산업3로 238	043-201-3316
	흥덕보건소	충청북도 청주시 흥덕구 비하로12번길 46	043-201-3427
	보은군보건소	충청북도 보은군 보은읍 동광길 50	043-560-5651
	제천시보건소	충청북도 제천시 의림대로 242	043-641-3051
	옥천군보건소	충청북도 옥천군 옥천읍 삼양로8길 10	043-730-2114
	괴산군보건소	충청북도 괴산군 괴산읍 동진천길 43	043-830-2933
	증평군 보건소	충청북도 증평군 증평읍 보건복지로 64-1	043-835-4242
	충주시 보건소	충청북도 충주시 사직산21길 34	043-850-3423
	음성군보건소	충청북도 음성군 음성읍 중앙로 49	043-871-2153
충청 남도	예산군보건소	충청남도 예산군 예산읍 군청로 22	041-339-6052
	당진웰다잉문화연구회	충청남도 당진시 서부로 40 (채운동)	041-356-1355
	천안시 서북구 보건소	충청남도 천안시 서북구 번영로 156	041-521-2553
	천안시 동남구 보건소	충청남도 천안시 동남구 버들로 34	041-521-5029

지역	등록기관	주소	전화번호
	아산시보건소	충청남도 아산시 번영로224번길 20	041-537-3436
	단국대의과대학부속 병원	충청남도 천안시 동남구 망향로 201	041-550-6891
	천안의료원	충청남도 천안시 동남구 충절로 537	041-570-7345
	홍성의료원	충청남도 홍성군 홍성읍 조양로 224	041-630-6238
	서산의료원	충청남도 서산시 중앙로 149	041-689-7432
	금산군보건소	충청남도 금산군 금산읍 금산로 1559	041-750-4373
	부여군보건소	충청남도 부여군 부여읍 성왕로 205	041-830-8638
	공주시보건소	충청남도 공주시 봉황로 123	041-840-8774
	대한웰다잉협회	충청남도 천안시 동남구 청수12로 48	041-911-5556
	보령시 보건소	충청남도 보령시 남포면 보령남로 234	041-930-5933
	청양군보건의료원	충청남도 청양군 청양읍 칠갑산로7길 54	041-940-4971
	서천군보건소	충청남도 서천군 서천읍 사곡길 26	041-950-6730
	충남 공주의료원	충청남도 공주시 무령로 77	041-962-1230
	충남 서산시보건소	충청남도 서산시 호수공원6로 6	041-661-6500
대전 광역 시	대전웰다잉연구소	대전광역시 서구 계백로 1298(정림동)	042-535-5049
	충남대학교병원	대전광역시 중구 문화로 282	042-280-8632
	가톨릭대학교 대전성모병원	대전 중구 대흥로 64	042-1577-0888
	유성구 보건소	유성구 장대동 장터2길 47	042-611-5000

지역	등록기관	주소	전화번호
경상북도	문경시보건소	경상북도 문경시 점촌1길 9	054-550-8072
	보리수연세안심프롤로의원	경상북도 문경시 모전로 61	054-541-2057
	영주적십자병원	경상북도 영주시 대학로 327	054-630-0184
	영주시보건소	경상북도 영주시 시청로1번길 19	054-639-5714
	봉화군보건소	경상북도 봉화군 봉화읍 봉화로 1203	054-679-6760
	김천시보건소	경상북도 김천시 시청1길 221	054-421-2730
	안동병원	경상북도 안동시 앙실로 11	054-840-0433
	경북도립안동노인전문요양병원	경상북도 안동시 남후면 남일로 1463	054-851-1677
	안동시보건소	경상북도 안동시 서동문로 165	054-840-5927
	영양군보건소	경상북도 영양군 영양읍 동서대로 82	054-680-5195
	칠곡군보건소	경상북도 칠곡군 왜관읍 관문로1길 30	054-979-8215
	울진군보건소	경상북도 울진군 울진읍 읍내8길 61-8	054-789-5031
	포항시북구보건소	경상북도 포항시 북구 삼흥로 98	054-270-4123
대구광역시	의료법인한성재단포항세명기독병원	경상북도 포항시 남구 포스코대로 351	054-289-1770
	포항남구보건소	경상북도 포항시 남구 동해안로 6119	054-270-4024
	대구의료원	대구광역시 서구 평리로 15	053-560-7451
	리더스웰다잉협회	대구광역시 남구 현충로 58	053-657-5566
	달성군보건소	대구광역시 달성군 현풍읍 비슬로130길 17	053-668-3953

지역	등록기관	주소	전화번호
울산광역시	[사]한국불교호스피스협회	울산광역시 울주군 상북면 소야정길 216-39	052-255-8530
	이손요양병원	울산광역시 울주군 삼남면 하방로 39	055-780-3007
부산광역시	생애말기돌봄연구소	부산광역시 금정구 오륜대로 74-3	051-510-0786
	사상구 보건소	부산광역시 사상구 학감대로 242	051-310-3371
	연제구 보건소	부산광역시 연제구 연제로 2	051-665-5671
	의료법인정선의료재단 온종합병원	부산광역시 부산진구 가야대로 721	051-607-0135
	재단법인그린닥터스 부산웰다잉문화연구소	부산광역시 부산진구 가야대로 721	051-816-2320
	허브휴병원	부산광역시 부산진구 부전로162번길 28	051-322-7701
	삼육부산병원	부산광역시 사하구 비봉로 70	051-294-8331
	동구보건소	부산광역시 서구 대티로 170	051-600-7561
	부산대학교병원	부산광역시 동구 구청로 1	051-440-6568
	해운대 부민병원	부산광역시 서구 구덕로 179	051-240-7716
	부산가톨릭의료원	부산광역시 해운대구 해운대로 584	051-602-8090
	부산성모병원	부산광역시 남구 용호로232번길 25-14	051-933-7062
경상남도	산청군 보건의료원	경상남도 산청군 산청읍 중앙로 97	055-970-7541
	의령군보건소	경상남도 의령군 의령읍 의병로8길 16	055-570-4023
	성심메디컬의원	경상남도 진주시 서장대로213번길 5	070-8990-2072

지역	등록기관	주소	전화번호
	예손요양병원	경상남도 진주시 진주대로 839	055-791-7551
	경상대학교병원	경상남도 진주시 강남로 79	055-750-8636
	창원시 마산보건소	경남 창원시 마산합포구 월영동북로 15	055-225-5995
	사천시보건소	경상남도 사천시 용현면 시청로 77-1	055-831-3634
	창원시 창원보건소	경남 창원시 의창구 중앙대로162번길 9	055-225-5774
	양산부산대학교병원	경상남도 양산시 물금읍 금오로 20	055-360-4571
	창원시 진해보건소	경상남도 창원시 진해구 중원동로 62	055-225-6163
	양산시 보건소	경상남도 양산시 삽량로 169	055-392-5091
	남해군 보건소	경상남도 남해군 남해읍 선소로 6	055-860-8723
	통영시보건소	경상남도 통영시 안개4길 108	055-650-6154
전라 북도	사)원불교호스피스회	전라북도 익산시 익산대로25길 18	063-843-3530
	익산시보건소	전라북도 익산시 무왕로 975	063-859-4821
	군산시 보건소	전라북도 군산시 수송동로 58	063-460-3299
	완주군보건소	전라북도 완주군 삼례읍 삼봉로 215-20	063-290-3042
	무주군보건의료원	전라북도 무주군 무주읍 한풍루로 413	063-320-8220
	전북대학교병원	전라북도 전주시 덕진구 건지로 20	063-250-2370
	효사랑전주요양병원	전라북도 전주시 완산구 팔달로 272	063-259-2421
	소비자교육중앙회 전라북도지부	전라북도 전주시 완산구 공북로 52-1	063-272-4400
	(의)백상의료재단가족 사랑요양병원	전라북도 김제시 하동1길 13	063-540-1569
	전주시보건소	전라북도 전주시 완산구 전라감영로 33	063-281-6232
	예수병원	전라북도 전주시 완산구 서원로 365	063-230-8004

지역	등록기관	주소	전화번호
	효사랑가족요양병원	전라북도 전주시 완산구 용머리로 77	063-711-1106
	김제시보건소	전라북도 김제시 성산길 138	063-540-1317
	웰다잉전북연구원	전라북도 전주시 완산구 안행로 9	063-226-4433
전라남도	담양군 보건소	전라남도 담양군 담양읍 완동길 10-11	061-380-3982
	영광군보건소	전라남도 영광군 영광읍 신남로4길 17	061-350-5558
	화순전남대학교병원	전라남도 화순군 화순읍 서양로 322	061-379-7046
	전남제일요양병원	전라남도 화순군 화순읍 덕음로 999	061-900-1160
	나주시 보건소	전라남도 나주시 풍물시장2길 57-32	061-339-2121
	무안군보건소	전라남도 무안군 무안읍 무안로 530	061-450-5033
	광양시보건소	전라남도 광양시 광양읍 인덕로 1100	061-797-4053
	순천시보건소	전라남도 순천시 중앙로 232	061-749-6831
	영암군보건소	전라남도 영암군 영암읍 오리정길 39	061-470-6799
	목포시보건소	전라남도 목포시 원산로45번길 5	061-270-8936
	(의)성석의료재단여수시 노인전문요양병원	전라남도 여수시 둔덕5길 29	061-653-9119
	여수시 보건소	전라남도 여수시 동문로 99	061-659-4315
	해남군보건소	전라남도 해남군 해남읍 해남로 46	061-531-3758

지역	등록기관	주소	전화번호
광주 광역 시	KS병원	광주광역시 광산구 왕버들로 220	062-975-9370
	광주 동구보건소	광주광역시 동구 서남로 1	062-608-3342
	전남대학교병원	광주광역시 동구 제봉로 42	062-220-6913
	광주 남구 보건소	광주광역시 남구 봉선로 1	062-607-4480
제주 특별 자치 도	제주한라병원	제주특별자치도 제주시 도령로 65	064-740-5315
	제주대학교병원	제주특별자치도 제주시 아란13길 15	064-717-1099
	제주도서귀포의료원	제주특별자치도 서귀포시 장수로 47	064-730-3186

의료기관윤리위원회 등록 현황

지역	종류	등록기관	주소	전화번호
서울	상급 종합 병원	(학)가톨릭대학교 서울성모병원	서울특별시 서초구 반포대로 222	02-2258-8151
		강남세브란스병원	서울특별시 강남구 언주로 211	02-2019-1248
		강북삼성병원	서울특별시 종로구 새문안로 29	02-2001-2869
		건국대학교병원	서울특별시 광진구 능동로 120-1	02-2030-7071
		경희의료원	서울특별시 동대문구 경희대로 23	02-958-8103
		고려대의대부속 구로병원	서울특별시 구로구 구로동로 148	02-2626-1883
		고려대학교의료원	서울특별시 성북구 고려대로 73	02-920-6581
		삼성서울병원	서울특별시 강남구 일원로 81	02-3410-1060
		서울대학교병원	서울특별시 종로구 대학로 101	02-2072-3066
		서울아산병원	서울특별시 송파구 올림픽로 43길 88 (풍납동)	02-3010-1106
		연세의료원(신촌)	서울특별시 서대문구 연세로 50-1	02-2228-4301
		중앙대학교병원	서울특별시 동작구 흑석동102	02-2356-2356
		한양대학교병원	서울특별시 성동구 왕십리로 222-1	02-2290-8865
	종합 병원	성삼의료재단 미즈메디병원	서울특별시 강서구 강서로 295	02-2007-1206
		(학)일송학원 강남성심병원	서울특별시 영등포구 신길로 1	02-829-5534

지역	종류	등록기관	주소	전화번호
서울	종합병원	(학)일송학원 한강성심병원	서울특별시 영등포구 버드나루로 7길 12	02-2639-5772
		가톨릭대학교 여의도성모병원	서울특별시 영등포구 63로 10	02-3779-2552
		가톨릭대학교 은평성모병원	서울특별시 은평구 통일로 1021	02-958-2006
		강동경희대병원	서울특별시 강동구 동남로 892	02-440-6100
		강동성심병원	서울특별시 강동구 성안로 150	02-2225-2758
		국립중앙의료원	서울특별시 중구 을지로 245	02-2276-2260
		대림성모병원	서울특별시 영등포구 시흥대로 657	02-829-9129
		명지성모병원	서울특별시 영등포구 도림로 156	02-829-7847
		부민병원	서울특별시 강서구 공항대로 389	02-2620-0150
		삼육서울병원	서울특별시 동대문구 망우로 82	02-2210-3074
		서울성심병원	서울특별시 동대문구 왕산로 259	02-957-0118
		서울적십자병원	서울특별시 종로구 새문안로 9	02-2002-8751
		서울 동부병원	서울특별시 동대문구 무학로 124	02-920-9349
		서울 보라매병원	서울특별시 동작구 보라매로5길 20	02-870-2178
		서울 서울의료원	서울특별시 중랑구 신내로 156	02-2276-7095
		성애병원	서울특별시 영등포구 여의대방로 53길 22	02-840-7342
		순천향대학병원	서울특별시 용산구 대사관로 59	02-709-9067
		에이치플러스 양지병원	서울특별시 관악구 남부순환로 1636	070-4665-9054

지역	종류	등록기관	주소	전화번호
서울	종합병원	원진재단부설 녹색병원	서울특별시 중랑구 사가정로 49길 53	02-490-2186
		의료법인 지병원	서울특별시 노원구 한글비석로 68	02-970-8807
		한일병원	서울특별시 도봉구 우이천로 308	02-901-3848
		이대의대부속 목동병원	서울특별시 양천구 안양천로 1071	02-2650-2654
		이화여자대학교 의과대학 부속서울병원	서울특별시 강서구 공항대로 260	02-6986-2528
		인제대부속 상계백병원	서울특별시 노원구 동일로 1342	02-950-4872
		인제대학부속 백병원	서울특별시 중구 마른내로 9	02-2270-0439
		중앙보훈병원	서울특별시 강동구 진황도로 61길 53	02-2225-4698
		원자력병원	서울특별시 노원구 노원로 75	02-970-2043
		홍익병원	서울특별시 양천구 목동로 225	02-2600-0776
	병원	서울 북부병원	서울특별시 중랑구 양원역로 38	02-2036-0459
		서울 서남병원	서울특별시 양천구 신정이펜1로 20	02-6300-9088
		서울 시립 서북병원	서울특별시 은평구 갈현로7길 49	02-3156-3238
	요양병원	(의)참예원 의료재단 서초참요양병원	서울특별시 서초구 양재대로 54	02-6081-2114
		남부효요양병원	서울특별시 구로구 남부순환로 1291	02-863-9900
		녹십초요양병원	서울특별시 동작구 시흥대로 634	02-848-2452

지역	종류	등록기관	주소	전화번호
서울	요양병원	뉴서울 성모요양병원	서울특별시 영등포구 영중로34길 6	010-2468-9595
		더세인트요양병원	서울특별시 구로구 경인로 218	02-333-1119
		연세베스트 요양병원	서울특별시 영등포구 여의대방로 203	010-6861-9600
		의료법인 고려수의료재단 고려수요양병원	서울특별시 구로구 공원로6가길 4	02-1577-2588
		강남구립 행복요양병원	서울특별시 강남구 헌릉로590길 60	02-6053-2114
		의료법인 참예원의료재단 송파참노인전문병원	서울특별시 송파구 마천로 164	02-409-2114
		재단법인 제중의료복지재단 제중요양병원	서울특별시 구로구 새말로 60	02-851-8063
		참예원의료재단 성북참노인전문병원	서울특별시 성북구 북악산로1길 71	02-912-2114
		한국보훈병원의료공 단 보훈요양병원	서울특별시 강동구 진황도로61길 53	02-2225-1987
	의원	인성기념의원	서울특별시 강동구 상암로 266	02-2135-3577
경기	상급종합병원	(학)일송학원 한림대학교성심병원	경기도 안양시 동안구 관평로170번길 22	031-380-5995
		고려대학교부속 안산병원	경기도 안산시 단원구 적금로 123	031-8099-6400
		분당서울대학병원	경기도 성남시 분당구 구미로173번길 82	031-787-2016
		순천향대학교부속 부천병원	경기도 부천시 조마루로 170	032-621-5806

지역	종류	등록기관	주소	전화번호
경기	종합병원	아주대학교병원	경기도 수원시 영통구 월드컵로 164	031-219-4106
		(의)동수원병원	경기도 수원시 팔달구 중부대로 16	031-210-0272
		(의)백송의료재단 굿모닝병원	경기도 평택시 중앙로 338	031-5182-7982
		(학)가톨릭대학교 부천성모병원	경기도 부천시 소사로 327	032-340-2349
		가톨릭대학교 성빈센트병원	경기도 수원시 팔달구 중부대로 93	031-249-7468
		가톨릭대학교 의정부성모병원	경기도 의정부시 천보로 271	031-820-3456
		강남병원	경기도 용인시 기흥구 중부대로 411	031-300-0186
		경기도립의료원 안성병원	경기도 안성시 남파로 95	031-8046-5359
		경기도립의료원 의정부병원	경기도 의정부시 흥선로 142	031-828-5337
		경기도의료원 수원병원	경기도 수원시 장안구 수성로 245번길 69	031-888-0582
		경기도의료원 포천병원	경기도 포천시 포천로 1648	031-539-9471
		경기도의료원 이천병원	경기도 이천시 경충대로 2742	031-630-4284
		경기도의료원 파주병원	경기도 파주시 중앙로 207	031-940-9172

지역	종류	등록기관	주소	전화번호
경기	종합병원	광명성애병원	경기도 광명시 디지털로 36	02-2680-7338
		국립암센터병원	경기도 고양시 일산동구 일산로 323	031-920-0471
		국민건강보험공단 일산병원	경기도 고양시 일산동구 일산로 100	031-900-3137
		단원병원	경기도 안산시 단원구 원포공원1로 20	031-8040-5906
		대진의료재단분당 제생병원	경기도 성남시 분당구 서현로180번길 20	031-779-5020
		동국대학교 일산불교병원	경기도 고양시 일산동구 동국로 27	031-961-7114
		연세대의대부속 용인세브란스병원	경기도 용인시 기흥구 동백죽전대로 363	031-5189-8419
		오산한국병원	경기도 오산시 밀머리로1번길 16	031-379-8336
		원광대학교 의과대학산본병원	경기도 군포시 산본로 321	031-390-2758
		의료법인 남촌의료 재단 시흥시화병원	경기도 시흥시 옥구천서로 337	031-8041-5720
		의료법인 우리의료 재단 김포우리병원	경기도 김포시 감암로 11	031-999-1400
		의료법인 원광의료 재단 원광종합병원	경기도 화성시 화산북로 21	031-8077-7222
		의료법인 명지의료재단	경기도 고양시 덕양구 화수로14번길 55	031-810-5261
		의료법인일심의료 재단우리병원	경기도 포천시 소흘읍 호국로 661	031-542-0229

지역	종류	등록기관	주소	전화번호
경기	종합병원	의료법인 한양의료재단 남양주한양병원	경기도 남양주시 오남읍 양지로 47-55	031-510-5625
		의료법인혜원의료재단 세종병원	경기도 부천시 호현로 489	032-340-1842
		의료법인효산의료재단 안양샘병원	경기도 안양시 만안구 삼덕로 9	031-467-9311
		인산의료재단 메트로병원	경기도 안양시 만안구 명학로 33번길 8	031-467-9824
		인제대학교 일산백병원	경기도 고양시 일산서구 주화로 170	031-910-9704
		차의과대학교 분당차병원	경기도 성남시 분당구 야탑로 59	031-780-5309
		한림대학교 동탄성심병원	경기도 화성시 큰재봉길 7	031-8086-2130
		한양대학교의과대학부속구리병원	경기도 구리시 경춘로 153	031-560-2961
		현대병원	경기도 남양주시 진접읍 봉현로 21	070-4395-0008
		효산의료재단 지샘병원	경기도 군포시 군포로 591	031-389-3740
	병원	남천병원	경기도 군포시 고산로 575	031-390-2114
		샘물호스피스병원	경기도 용인시 처인구 백암면 고안로 51번길 112-25	031-329-2988
		수원한국병원	경기도 수원시 장안구 경수대로 969	031-245-2201
		아가페의료재단 시티병원	경기도 의왕시 오전천로 29	031-340-2235

지역	종류	등록기관	주소	전화번호
경기	요양병원	가은병원	경기도 부천시 마니로24번길 43-17	032-621-9103
		보바스기념병원	경기도 성남시 분당구 대왕판교로 155-7	031-786-3115
		부천시립 노인전문병원	경기도 부천시 까치로 26	032-713-7358
		수원브이아이피 요양병원	경기도 수원시 팔달구 팔달로 24	031-254-5071
		참조은병원	경기도 광주시 광주대로 45	031-881-9424
		한도병원	경기도 안산시 단원구 선부광장로 103	031-8040-1574
	의원	굿피플의원	경기도 파주시 조리읍 등원로391번길 47	031-934-5703
		새오름가정의원	경기도 시흥시 비둘기공원7길 83	031-313-9809
		수원기독의원	경기도 수원시 장안구 송정로118번길 21	031-254-6571
		연세메디람의원	경기도 고양시 일산서구 탄중로 233번길 25	031-921-0111
		하랑내과의원	경기도 안성시 공도읍 상마정앞길 57	010-4816-3814
인천	상급종합병원	가톨릭대학교 인천성모병원	인천광역시 부평구 동수로 56	032-280-6084
		의료법인 길의료재단 길병원	인천광역시 남동구 남동대로774번길 21	032-460-3405
		인하대학교외과대학 부속병원	인천광역시 중구 인항로 27	032-890-2114
	종합병원	메디플렉스 세종병원	인천광역시 계양구 계양문화로 20	032-240-8419
		의료법인인성의료 재단 한림병원	인천광역시 계양구 장제로 722	032-550-9654

지역	종류	등록기관	주소	전화번호
인천	종합병원	부평세림병원	인천광역시 부평구 부평대로 175	032-509-5460
		가톨릭관동대학교 국제성모병원	인천광역시 서구 심곡로100번길 25	032-290-2534
		의료법인루가의료 재단나은병원	인천광역시 서구 원적로 23	032-580-9454
		의료법인 인천사랑병원	인천광역시 미추홀구 미추홀대로 726	032-457-2852
		의료법인 성수의료 재단 인천백병원	인천광역시 동구 샛골로 214	032-280-8162
		현대유비스병원	인천광역시 미추홀구 독배로 503	032-890-6921
		의료법인 나사렛의료재단 나사렛국제병원	인천광역시 연수구 먼우금로 98	032-810-9393
	병원	글로리병원	인천광역시 부평구 길주로 655	032-262-9000
	요양병원	검단탑병원	인천광역시 서구 청마로19번길 5	032-590-0300
강원도	상급종합병원	원주세브란스 기독병원	강원도 원주시 일산로 20	033-741-1008
	종합병원	강원대학교병원	강원도 춘천시 백령로 156	033-258-9217
		한림대학교부속 춘천성심병원	강원도 춘천시 삭주로 77	033-240-5130
		강원도영월의료원	강원도 영월군 영월읍 중앙1로 59	033-370-9220
		강릉아산병원	강원도 강릉시 사천면 방동길 38	033-610-3148
		강원도삼척의료원	강원도 삼척시 오십천로 418	033-570-7469

지역	종류	등록기관	주소	전화번호
강원도	요양병원	효제요양병원	강원도 홍천군 홍천읍 번영로 69	033-434-4111
		원주민중요양병원	강원도 원주시 북원로 2636	033-732-0270
충청북도	상급종합병원	충북대학교병원	충청북도 청주시 서원구 1순환로 776	043-269-8819
	종합병원	충주의료원	충청북도 충주시 안림로 239-50	043-871-0471
		(의)한마음재단 하나병원	충청북도 청주시 흥덕구 2순환로 1262	043-230-6190
	요양병원	의료법인진천의료재단	충청북도 진천군 이월면 반지길 54	043-537-0035
		하나노인전문병원	충청북도 청주시 서원구 대림로 431	043-270-8114
		(법)인화재단 한국병원	충청북도 청주시 상당구 단재로 106	043-252-6677
		의료법인참사랑재단 참사랑병원	충청북도 청주시 서원구 청남로 1910	043-298-6800
충청남도	상급종합병원	단국대의과대학 부속병원	충청남도 천안시 동남구 망향로 201	041-550-6891
		순천향대학교 부속천안병원	충청남도 천안시 동남구 순천향6길 31	041-570-2772
	종합병원	천안의료원	충청남도 천안시 동남구 충절로 537	041-570-7004
		서산의료원	충청남도 서산시 중앙로 149	041-689-7432
		홍성의료원	충청남도 홍성군 홍성읍 조양로 224	041-630-6238
	요양병원	다나힐요양병원	충청남도 천안시 서북구 직산읍 석양길4	041-590-7777
		의료법인영서의료재단 천안충무병원	충청남도 천안시 다가말 3길	041-570-5470

지역	종류	등록기관	주소	전화번호
충청남도	요양병원	아산충무병원	충청남도 아산시 문화로 381	041-536-6628
		천안요양병원	충청남도 천안시 동남구 삼룡천3길 10	041-569-5533
		공주의료원	충청남도 공주시 무령로 77	041-962-1230
		대정요양병원	충청남도 논산시 상월면 계룡산로 237번길 38-60	041-730-2800
대전광역시	상급종합병원	충남대학교병원	대전광역시 중구 문화로 282	042-280-8632
	종합병원	대전보훈병원	대전광역시 대덕구 대청로 82번길 147	042-939-0482
		을지대학병원	대전광역시 서구 둔산서로 95	042-259-1247
		건양대학교병원	대전광역시 서구 관저동로 158	042-600-9450
		학교법인가톨릭대학교대전성모병원	대전광역시 중구 대흥로 64	042-220-9986
		의료법인 밝은마음의료재단 유성한가족요양병원	대전광역시 유성구 온천동로 43	042-611-9755
		한남요양병원	대전광역시 대덕구 한밭대로 1150	042-628-7557
		대전나진요양병원	대전광역시 서구 갈마로 122	042-525-3800
		대전웰니스병원	대전광역시 대덕구 동서대로1777번길 2	042-712-8573
		행복한시니어스요양병원	대전광역시 중구 보문산로 359	042-253-5800
경상북도	종합병원	영주적십자병원	경상북도 영주시 대학로 327	054-630-0176
		(의)안동병원	경상북도 안동시 앙실로 11	054-084-0433
		김천의료원	경상북도 김천시 모암길 24	054-429-8270

지역	종류	등록기관	주소	전화번호
경상북도	종합병원	안동성소병원	경상북도 안동시 서동문로 99	054-850-8893
		안동의료원	경상북도 안동시 태사2길 55	054-850-6450
		구미차병원	경상북도 구미시 신시로10길 12	054-450-9880
		에스포항병원	경상북도 포항시 남구 희망대로 352	054-289-9240
		(재)포항성모병원	경상북도 포항시 남구 대잠동길 17	054-260-8383
		의료법인한성재단 포항세명기독병원	경상북도 포항시 남구 포스코대로 351	054-289-1477
		동국대학교의과대학 경주병원	경상북도 경주시 동대로 87	054-770-8138
	병원	계명대학교의과대학 경주동산병원	경상북도 경주시 봉황로 65	054-770-9576
	요양병원	경상북도립안동노인 전문요양병원	경상북도 안동시 남후면 남일로 1463	054-851-6164
		안동요양병원	경상북도 안동시 전거리길 57	054-820-1406
대구광역시	상급종합병원	칠곡경북대학교병원	대구광역시 북구 호국로 807	053-200-3040
		계명대학교동산병원	대구광역시 달서구 달구벌대로 1035	053-258-6368
		대구가톨릭의료원	대구광역시 남구 두류공원로17길 33	053-650-4390
		경북대학교병원	대구광역시 중구 동덕로 130	053-200-6238
		영남대학교병원	대구광역시 남구 현충로 170	053-620-3873
	종합병원	대구의료원	대구광역시 서구 평리로 157	053-560-7371
		(재)대구포교 성베네딕도수녀회 파티마병원	대구광역시 동구 아양로 99	053-940-7003
		대구보훈병원	대구광역시 달서구 월곡로 60	053-630-7840
	요양병원	첨단요양병원	대구광역시 북구 대현로 19	053-669-1081
		웰니스1004요양병원	대구광역시 서구 달구벌대로 1889	053-570-1004

지역	종류	등록기관	주소	전화번호
	의원	한결요양병원	대구광역시 달서구 대명천로 15	053-591-9111
		사랑나무의원	대구광역시 수성구 화랑로 112-1	053-217-9500
울산광역시	종합병원	동강병원	울산광역시 중구 태화로 239	052-241-1552
		혜명심의료재단 울산병원	울산광역시 남구 월평로171번길 13	052-259-5167
		학교법인울산공업학원울산대학교병원	울산광역시 동구 방어진순환도로 877	052-230-1680
	요양병원	정토마을 자재요양병원	울산광역시 울주군 상북면 소야정길 216-39	052-255-8406
		이손요양병원	울산광역시 울주군 삼남면 하방로 39	055-780-3007
		울산광역시립 노인병원	울산광역시 울주군 온양읍 덕남로 243	052-231-7910
부산광역시	상급종합병원	인제대학교부속 부산백병원	부산광역시 부산진구 복지로 75	051-890-8652
		동아대학교병원	부산광역시 서구 대신공원로 26	051-240-5405
		부산대학교병원	부산광역시 서구 구덕로 179	051-240-7716
		고신대학교복음병원	부산광역시 서구 감천로 262	051-990-5225
	종합병원	동남권원자력의학원	부산광역시 기장군 장안읍 좌동길 40	051-720-5599
		부산광역시의료원	부산광역시 연제구 월드컵대로 359	051-607-2812
		한국보훈복지의료공단부산보훈병원	부산광역시 사상구 백양대로 420	051-601-6357
		(의)브니엘의료재단 온종합병원	부산광역시 부산진구 가야대로 721	051-607-0134
		좋은문화병원	부산광역시 동구 범일로 119	051-630-0981
		삼육부산병원	부산광역시 서구 대티로 170	051-600-7561

지역	종류	등록기관	주소	전화번호
부산광역시	종합병원	수영한서병원	부산광역시 수영구 수영로 615	051-998-1056
		(재)천주교부산교구 메리놀병원	부산광역시 중구 중구로 121	051-461-2613
		의료법인 인당의료재단 해운대 부민병원	부산광역시 해운대구 해운대로 584	051-602-8000
		인제대학교 해운대백병원	부산광역시 해운대구 해운대로 875	051-797-0272
		부산성모병원	부산광역시 남구 용호로232번길 25-14	051-933-7034
	병원	동래성모병원	부산광역시 동래구 충렬대로 188	051-559-8833
		의료법인 정선의료재단 온요양병원	부산광역시 부산진구 가야대로 721	051-607-0000
경상남도	상급종합병원	경상대학교병원	경상남도 진주시 강남로 79	055-750-9345
		양산부산대학교병원	경상남도 양산시 물금읍 금오로 20	055-360-4568
	종합병원	학교법인성균관대학 삼성창원병원	경상남도 창원시 마산회원구 팔용로 158	055-233-8309
		창원 파티마병원	경상남도 창원시 의창구 창이대로 45	055-270-1115
		근로복지공단 창원병원	경상남도 창원시 성산구 창원대로 721	055-280-0410
		의료법인거붕의료 재단거제백병원	경상남도 거제시 계룡로5길 14	055-733-0830
	요양병원	예손요양병원	경상남도 진주시 진주대로 839	055-791-7551
		의료법인희연의료 재단희연병원	경상남도 창원시 성산구 원이대로 393번길 25	055-270-2525
		의료법인 푸른솔의료재단 김해한솔요양병원	경상남도 김해시 김해대로 2379	055-329-3340

지역	종류	등록기관	주소	전화번호
경상 남도	요양 병원	다올의료재단 메트로요양병원	경상남도 창원시 진해구 용원로 37	055-552-0013
	의원	희연의원	경상남도 창원시 성산구 원이대로 393번길 25	055-270-9696
전라 북도	상급 종합 병원	원광대학교 의과대학병원	전라북도 익산시 무왕로 895	063-859-2091
		전북대학교병원	전라북도 전주시 덕진구 건지로 20	063-250-2370
	종합 병원	의료법인오성 의료재단동군산	전라북도 군산시 조촌로 149	063-440-0655
		대자인병원	전라북도 전주시 덕진구 견원로 390	063-250-9231
		예수병원	전라북도 전주시 완산구 서원로 365	063-230-8004
	병원	(재)원불교 원병원	전라북도 익산시 익산대로25길 18	063-843-3582
		엠마오사랑병원	전라북도 전주시 완산구 서원로 402-35	063-230-5394
		진안군의료원	전라북도 진안군 진안읍 진무로 1145	063-430-7108
	요양 병원	엔젤요양병원	전라북도 익산시 함열읍 익산대로 1493-1	063-860-0124
		효사랑전주요양병원	전라북도 전주시 완산구 팔달로 272	063-259-2421
		(의)백상의료재단 가족사랑요양병원	전라북도 김제시 하동1길 13	063-540-1569
		효사랑가족요양병원	전라북도 전주시 완산구 용머리로 77	063-711-1100
전라 남도	상급 종합 병원	화순전남대학교병원	전라남도 화순군 화순읍 서양로 322	061-379-7046
	종합 병원	성가롤로병원	전라남도 순천시 순광로 221	061-720-2481
		목포한국병원	전라남도 목포시 영산로 483	061-270-5576
		목포기독병원	전라남도 목포시 백년대로 303	061-280-7107
		여천전남병원	전라남도 여수시 무선로 95	061-690-6152

지역	종류	등록기관	주소	전화번호
전라남도	종합병원	여수전남병원	전라남도 여수시 좌수영로 49	061-640-7801
		해남우리종합병원	전라남도 해남군 옥천면 해남로 597	061-530-7273
	요양병원	즐거운요양병원	전라남도 나주시 노안면 노안삼도로 507-14	061-332-3500
		전남제일요양병원	전라남도 화순군 화순읍 덕음로 999	061-900-1160
		순천생협요양병원	전라남도 순천시 봉화로 62	061-759-3300
		의료법인송지의료재단 장흥요양병원	전라남도 장흥군 장흥읍 중앙로 6	061-862-8881
광주광역시	상급종합병원	전남대학교병원	광주광역시 동구 제봉로 42	062-220-5095
		조선대학교병원	광주광역시 동구 필문대로 365	062-220-3418
	종합병원	광주보훈병원	광주광역시 광산구 첨단월봉로 99	062-602-6407
		KS병원	광주광역시 광산구 왕버들로 220	062-975-9370
		재단법인광주기독병원	광주광역시 남구 양림로 37	062-650-5691
	요양병원	광주시립제1요양병원	광주광역시 광산구 삼도로 84-3	062-949-5210
		광주시립제2요양병원	광주광역시 남구 덕남길 100	062-612-9870
제주특별자치도	종합병원	의료법인혜인의료재단	제주시 서광로 193	064-750-0460
		제주대학교병원	제주시 아란13길 15	064-717-1099
	병원	제주도서귀포의료원	제주특별자치도 서귀포시 장수로 47	064-730-3188
		제주선한병원	제주특별자치도 제주시 중앙로 616	064-735-3805
		지방공사제주도의료원	제주특별자치도 제주시 산천단남길 10	064-720-2285
	요양병원	제주사랑요양병원	제주특별자치도 제주시 조천읍 신조로 203	064-783-7350
		아라요양병원	제주특별자치도 제주시 한북로 309	064-729-6005

참고문헌

전진숙(2009), 『장수와 치매의 예방』, 신경정신의학, 제48권 제5호, p.307 ~ 313

임순영(2014), 『규칙적인 수중운동이 노인골관절염 환자의 평형성, 근활성도 및 건강』, 한국여성체육학회지, 제 28권 제1호, p.37 ~ 52

김유라(2017), 『노인의 건강운동참여가 성공적 노후에 미치는 영향』, 호남대학교 대학원

양은미(2019), 『중·장년층의 치매에 대한 인식과 태도가 치매예방교육요구에 미치는 영향』, 서울벤처대학원대학교

이윤환 외 7인(2009), 『치매예방을 위한 생활습관』, 대한노인병학회지, 13권 2호, p.61 ~ 68

신민영(2017), 『기저수행이 낮은 정상 노인의 인지노화와 치매 위험』, 서울대학교 대학원

김선옥 외 1인(2014), 『노인의 대사 변화와 영양 공급』, 한국정맥경장영양학회지, Vol.6 No.1 [2014], p.2 ~ 5

남승민(2018), 『인지과제를 적용한 이중과제 훈련이 경증치매노인의 인지기능, 신체기능 및 치매관련인자에 미치는 영향』, 대구대학교 대학원

노준수(2015), 『걷기 활동 실천이 지역사회 노인의 정신건강에 미치는 영향 : 도구변수 분석』, 서울대학교 대학원

권혁인(2019), 『수중복합운동과 수중걷기가 여성노인의 낙상관련 체력, 낙상효능 척도 및 균형자신감에 미치는 영향』, 한국체육대학교 사회체육대학원

데이비드 스노든, 『우아한 노년』*Aging with Grace*, 유운실, 사이언스 북스, 2003

Functional circuit architecture underlying parental behaviour (2018).

https://www.nature.com/

Christopher & Dana Reeve Foundation, https://www.christoph erreeve.org/

DSM, https://www.msdmanuals.com/ko-kr

보건복지부지정 노인성치매임상연구센터, http://public.crcd.or.kr/

안전보건공단 블로그, https://blog.naver.com/koshablog

연명의료관리기관 홈페이지, https://www.lst.go.kr

현재만 사는 한국인을 위한 12가지

지은이 | 최이현
만든이 | 하경숙
만든곳 | 글마당
책임 편집디자인 | 정다희

(등록 제02-1-253호, 1995. 6. 23)

만든날 | 2020년 5월 1일
펴낸날 | 2020년 5월 27일

주소 | 서울시 송파구 송파대로 28길 32
전화 | 02. 451. 1227
팩스 | 02. 6280. 9003

ISBN 979-11-90244-08-4   값 13,000원
CIP 2020015580

홈페이지 | www.gulmadang.com
이메일 | vincent@gulmadang.com